SQUASH

Barringtons Vorbereitung auf eine harte Vorhandangabe.

Dietrich von Horn und Hein-Dirk Stünitz

SQUASH

Ausrüstung · Technik · Regeln

FALKEN

Im FALKEN Verlag sind zahlreiche Bücher zum Thema Sport erschienen. Vergleichen Sie dazu das Gesamtverzeichnis am Ende des Buches oder fragen Sie Ihren Buchhändler.

ISBN 3 8068 0539 3

Titelbild: Dunlop, 6450 Hanau
Fotos und Zeichnungen: H.-D. Stünitz, D. Horn

Druck: Druckerei Ernst Uhl, Radolfzell

817

Inhalt

Entwicklung des Spiels

Auch wenn es sich spektakulär anhört und eine interessante Geschichte ergibt: Squash ist nicht, wie so häufig in Zeitungen zu lesen, in englischen Gefängnissen entstanden. Nach der heutigen sportgeschichtlichen Auffassung hat sich Squash aus der mittelalterlichen Form des Tennisspiels entwickelt. Wie übrigens auch das heutige Tennisspiel, Pelota und andere ähnliche Spiele ihren Ursprung in dieser Zeit haben.

Zunächst wurde im Freien gegen eine Hauswand gespielt, und zwar ohne irgendwelche seitliche oder hintere Begrenzung. Irgendwann gelangte das Spiel in die englischen Schulen. Dieser Zeitpunkt dürfte etwa um 1850 einzuordnen sein, denn in dieser Zeit erhielt die Harrowschool in England ihren ersten geschlossenen Tennisraum. Damit war der erste Squashcourt entstanden.

Zunächst war der Sport nur auf den angelsächsischen Raum begrenzt. Er wurde hier an den verschiedensten Schulen des Landes gespielt. Bald interessierte sich die Armee dafür; denn die ehemaligen Schüler wollten als Soldaten nicht auf ihren Sport verzichten. Da die Soldaten im gesamten Commonwealth eingesetzt wurden, kam der Sport auch nach Ägypten, Indien und Pakistan. Die dortigen einheimischen Balljungen fanden Gefallen an dem schnellen Sport. Sie wurden bald Spielpartner für die Soldaten und waren nach kurzer Zeit ihren Meistern überlegen, vermutlich nicht nur weil sie mehr Talent für diesen Sport mitbrachten, sondern vor allem auch, weil sie den Tag über, wenn die Soldaten ihrem Dienst nachgingen, trainierten. Nicht zuletzt dadurch läßt sich die heutige Vorherrschaft der Weltklassespieler aus diesen Ländern erklären.

In den zwanziger Jahren wurden dann zum erstenmal Maße für den Court und einfache Regeln festgesetzt.

Den nächsten Anstoß zu einer weiteren Entwicklung dieses Sports gaben die Australier. Sie richteten öffentliche Plätze ein. Mit der Tatsache, daß nun alle Gesellschaftsschichten Zugang zu diesem Sport hatten, kam es zum ersten Squashboom. Diese Welle schlug nach

England zurück und auch dort setzte sich in den fünfziger Jahren Squash zu einem Massensport, ähnlich wie Fußball oder Tennis, durch.

In Deutschland gewann Squash erst in den siebziger Jahren eine größere Anhängerschar. Ein Ende der Aufwärtsentwicklung ist hier noch nicht abzusehen. Fast wöchentlich entstehen in der Bundesrepublik neue Hallen. Kleine und kleinste Städte haben auf einmal Squashplätze und somit wird sehr vielen Interessierten Gelegenheit gegeben, diesen Sport kennenzulernen und auszuüben.
Ein weiteres Zeichen dafür, mit welcher Rasanz sich Squash bei uns entwickelt, ist die Vergabe der Mannschafts-Europameisterschaft 1979 nach Hamburg. Die Aufnahme in den Deutschen Sportbund steht kurz bevor, was die Anerkennung auf breitester Ebene bedeutet. Einen weiteren Auftrieb wird dieser junge Sport sicherlich auch dadurch erhalten, daß mittlerweile nicht nur die Freizeitsquasher zu ihrem Recht kommen, sondern auch die am Leistungssport Interessierten schon in vielen Städten Gelegenheit finden, sich im Rahmen eines Vereins fördern zu lassen. Außerdem werden die Möglichkeiten an Turnieren teilzunehmen immer vielfältiger. Das lohnt sich nicht nur für aktive Spieler; auch Zuschauer finden spannende Unterhaltung und lehrreiche Anregungen. Wer allerdings absolute Spitzenklasse garantiert sehen will, der sollte Kosten und Mühe nicht scheuen, das alljährlich in London stattfindende British-Open (die inoffizielle Weltmeisterschaft) zu besuchen.

Die Spielidee

Über die Spielidee findet man unter dem Begriff »Squash« im englischen Wörterbuch wenig Aufschlußreiches:

1. Zerquetschen, zusammenpressen
2. Patschen, Matsch, Brei, Platsch
3. Weicher Gummiball
4. Spiel mit Rackets für zwei Personen mit weichem Gummiball.

Die Spielidee für dieses Spiel mit Schlägern ist, kurz gesagt, folgende: Zwei Spieler schlagen abwechselnd einen Ball, indem sie versuchen, diesen dort zu plazieren, wo der Gegner ihn nicht mehr erreichen kann. Dabei soll man sich nicht gegenseitig gefährden. Der Ball darf zwischen den Schlägen den Boden nur einmal berühren.
Nach jedem Schlag muß der Ball vor der Bodenberührung gegen die Spielwand gelangen, wenn es gültig sein soll.
Der Ball darf die oberste rote Linie, die den ganzen Platz umrandet, weder berühren noch überschreiten. Es darf während des Fluges auch kein Teil außerhalb des Courts angeschlagen werden. Auch die unterste rote Linie der Spielwand, die das sogenannte »Tin« abgrenzt, darf nicht berührt oder unterschritten werden. Die übrigen roten Linien sind ausschließlich für die Aufschlagregeln angebracht:

Beim Aufschlag muß ein Fuß ganz in dem Aufschlagviereck stehen, das man sich bei Erhalt des Balles ausgesucht hat. Dabei ist es unerheblich, ob der andere Fuß auch im Aufschlagfeld, nach vorne, seitwärts, nach hinten oder auf einer Linie plaziert ist.

Der Ball muß bei der Angabe über die mittlere rote Linie der Spielwand gespielt werden und bei der ersten Bodenberührung (es sei denn, er wird vom Spielpartner schon in der Luft angenommen) im großen Rechteck auf der Seite des Gegners landen.

Zur Zählweise:

Man erhält einen Punkt, wenn der Gegner nach dem Aufschlag nicht in der Lage ist, irgendwann während des Ballwechsels den Ball den Regeln entsprechend zurückzuschlagen. Das entspricht der Zählweise des Volleyballspiels, also nicht der beim Tennis oder Tischtennis üblichen, wo jeder Fehler als Punkt gezählt wird.

Wird der Fehler vom Aufschläger begangen, erhält der Gegner den Aufschlag und hat nun seinerseits die Möglichkeit, Punkte zu erzielen, bis er den Aufschlag wegen eines Fehlers abgeben muß. Hat ein Spieler einen Punkt erreicht, muß er das Aufschlagviereck wechseln.

Ein Satz ist beendet, wenn ein Spieler neun Punkte erreicht hat. Bei Spielstand 8:8 darf der nicht aufschlagende Spieler entscheiden, ob das Spiel bei 9 oder 10 Punkten beendet werden soll. Ein Spiel besteht normalerweise aus drei Gewinnsätzen (Ausnahme: besondere Turniere), d. h. ein Spiel kann höchstens fünf Sätze haben.

Das wichtigste zur Spielidee zum Schluß:

Bei allem Ehrgeiz und dem unbedingten Willen zum Gewinnen ist es notwendig, daß sich jeder Spieler *einer* Regel ständig bewußt ist: Das Spiel darf in keinem Fall weitergeführt werden, wenn der Mitspieler gefährdet wird. Steht ein Gegner im Weg (ob für den Schlag selbst, beim Ausholen oder für die Flugbahn des Balles), so kann um ein »Let« gebeten werden, den ein Spielpartner in Freundschaftsspielen in jedem Falle gewährt. In wichtigen Spielen entscheidet ein Schiedsrichter, ob eine Behinderung für eine Schlagausführung vorliegt. Wird der Gegner vom Ball getroffen und die Flugbahn zeigt direkt zur Spielwand, oder steht der Gegner so im Weg, daß er vom Ball getroffen würde, so wird dem Schlagenden ein Punkt gewährt, während beim Let der Ballwechsel wiederholt werden muß.

Die ausführlichen offiziellen Spielregeln sind am Ende des Buches aufgeführt.

Ausrüstung

Eine kurze grundsätzliche Überlegung zur Ausstattung eines Squashspielers:
Man kann sich den Sport bezüglich der Ausrüstung viel Geld kosten lassen, wenn man auf den Namen, den letzten Modetrend und Überflüssiges bezüglich der Ausstattung Wert legt.
Es gibt heute jedoch eine Vielfalt von Kleidung und Schlägern, daß man, wenn es in erster Linie um die Zweckmäßigkeit der Ausrüstung geht, die Kosten durchaus in Grenzen halten kann (Abb. 1).

Kleidung

Selbstverständlich kann man mit einer normalen Turnhose und einem einfachen Turnhemd Squash spielen. Nur bietet spezielle Squashkleidung, wenn man auf einige Details achtet, Vorteile:

- Die Kleidung sollte so gut verarbeitet sein, daß man sich nach einem Ball strecken kann, ohne zu befürchten, daß beim ersten Ausfallschritt die Nähte bei Hemd oder Hose platzen.
- Squashsachen müssen sehr oft gewaschen werden. Eine gute Qualität ist Voraussetzung, daß man nicht nach vier- oder fünfmaliger Wäsche die Sachen wegwerfen muß.
- Die Squashhose sollte genügend Bewegungsfreiheit bieten.
- Das Hemd sollte schweißaufnehmend und doch luftdurchlässig sein.

Mit Rücksicht auf den Spielpartner und die offiziellen Regeln sollte die Kleidung weiß oder doch wenigstens pastellfarben sein. Das Tragen heller Kleidung garantiert, daß der Ball auch vor dem Hintergrund des Spielers gut zu erkennen ist.

Abbildung 1

Abbildung 2

Schuhe

Es sind durchaus eine Reihe von echten Squashschuhen auf dem Markt, die zusammen mit den Hallentennisschuhen eine ganze Palette brauchbarer Fußbekleidung ergeben (Abb. 2). Bedingungen, die an einen Squashschuh gestellt werden sollten:

- Ein gutes Fußbett (ist individuell vom Spieler abhängig. Manche Spieler haben so kerngesunde Füße, daß sie auch durch die hohen Belastungen beim Squashen keinen Schaden nehmen. Über 70% der Bevölkerung allerdings haben so kranke Füße, daß man auf ein gut gearbeitetes Fußbett nicht verzichten sollte).
- Haltbarkeit (besonders werden die Sohle und die vordere Innenkante abgenutzt. Der beste Schuh nützt nichts und ist zu teuer, wenn man ihn nach einem Monat wegwerfen muß).
- Geringes Gewicht (hier unterscheiden sich Textil- und Lederschuhe stark voneinander. Welchen Unterschied das Gewicht eines Squashschuhs ausmachen kann, merkt man besonders, wenn man kurz hintereinander einen leichten Squashschuh und einen hochschaftigen Ledertennisschuh anprobiert!).

- Eine rutschfeste Sohle (die Rutschfestigkeit sollte allerdings nicht so perfekt sein, daß sich der Fuß nach dem Stellen keinen Millimeter mehr bewegt. Das führt zwar zu hoher Standfestigkeit und damit zu erhöhter Schlagsicherheit, kann aber ebenso sicher katastrophale Auswirkungen auf die Gesundheit der Beingelenke haben).
- Dämpfung (steht im engen Zusammenhang mit dem Fußbett. Ein guter Squashschuh sollte in der Sohle so gestaltet sein, daß diese den Aufprall des Fußes beim Setzen in ausreichendem Maße dämpfen).
- Zu guten Squashschuhen gehören ein paar vernünftige Socken, die die Kriterien Haltbarkeit, richtige Größe und Saugfähigkeit erfüllen müssen.

Der Ball

Zu diesen kleinen Kautschukgebilden sind ein paar Anmerkungen nötig. Relativ unwichtig ist die Ballfarbe (abgesehen davon, daß in manchen Hallen wegen der Wandverschmutzung schwarze Bälle nicht gerne gesehen bzw. verboten sind). Unabhängig von der Länge und Heftigkeit, mit der ein Squashball gespielt wird, ist auch seine Qualität wichtig für seine Sprungeigenschaften. Darüber gibt die Farbe eines eingedruckten kleinen Punktes Auskunft: Blau – schnell, Rot – mittel, Weiß – langsam, Gelb – sehr langsam. Da weiße und gelbe Bälle im kalten Zustand kaum spielbar sind, bieten sich für den Anfänger die Bälle mit rotem und blauem Punkt an. Mit der Zeit wird jeder Spieler seine Erfahrungen mit dem Verhältnis Preis und Haltbarkeit der Squashbälle verschiedener Firmen machen.

Der Schläger

Um bei der Vielzahl von Schlägermarken und Typen die inzwischen auf dem Markt erhältlich sind, eine kleine Hilfe zu geben, hier ein paar Anhaltspunkte, die bei der Kaufentscheidung nützlich sein können.

Das Gewicht

Hier gibt es zwar ein ganz objektives Kriterium: Der Schläger kann mit Hilfe einer Waage gewogen werden. Damit hat man zumindest einen Anhaltspunkt dafür, in welche Gewichtsklasse sich der Schläger einordnen läßt. Man darf nicht in den Irrtum verfallen und meinen, wenn man einen Schläger mit 225 Gramm gefunden hat, daß alle Schläger dieses Typs exakt 225 Gramm wiegen. Die Spannweite in bezug auf das Gewicht ist relativ groß. Sie kann z. B. bei dem eben genannten Schläger durchaus zwischen 220 und 240 Gramm liegen. Man sollte aber nicht glauben, daß diese 20 Gramm keinen großen Unterschied machen. Man muß sich vor Augen halten, daß die oberste zumutbare Gewichtsgrenze immerhin

Abbildung 3

bereits bei 250 Gramm liegt. Auf der anderen Seite sollte ein Schläger auch nicht zu leicht sein (z. B. 200 Gramm). Man ist also jedesmal beim Schlägerkauf von neuem gezwungen, den Schläger wirklich in die Hand zu nehmen und ein paar Probeschwünge auszuführen (denn es wird nicht immer möglich sein, das Gewicht mittels einer Waage zu ermitteln). Das gibt aber auch die Gelegenheit, ganz subjektiv das Handling eines Schlägers zu beurteilen, für das in erster Linie das zweite Kriterium entscheidend ist:

Die Gewichtsverteilung

Ob einem ein Schläger liegt oder nicht, ist nämlich in nicht unwesentlichem Maße von der Gewichtsverteilung abhängig. Diese erstreckt sich von der Kopflastigkeit über die Ausgewogenheit bis hin zur Grifflastigkeit. Dabei sollte nicht übersehen werden, daß anscheinend so unwesentliche Dinge wie z. B. ein doppeltes Griffband das Handling eines Schlägers durchaus verändern können (Abb. 3).

Der Griff des Schlägers

Die meisten Schläger sind am Griff so aufgebaut, daß sich im Kern das Holz des Schaftes fortsetzt. Darüber befindet sich ein Weichholzteil, das die Form des Griffes in entscheidendem Maße prägt. Den Abschluß bildet das Griffband. Als Material für das Griffband gibt es Lederbänder, Frottee- und Kunststoffbänder. Das Lederband findet sich auf Squashschlägern nur noch selten, es hat sich fast überall das selbstklebende Frotteeband durchgesetzt, da es vom Spieler schnell selbst ersetzt werden kann und überdies preiswert ist. Das problemlose Ersetzen des Bandes ist deshalb so wichtig, weil ein abgenutztes, verhärtetes Griffband nicht nur die Blasenbildung an der Schlaghand fördert, sondern auch die Griffsicherheit rapide senkt. Ein verschwitztes Griffband erfordert vom Schlagenden wesentlich mehr Kraftaufwand. In letzter Zeit gibt es auch verschiedene Arten von Kunststoffbändern, die entweder über das Frotteeband gewickelt werden oder direkt auf dem Weichholz befestigt sind.

Noch ein kleiner Tip: Wer seinen Schläger gefunden zu haben glaubt und nur der Griff erscheint unpassend, sollte einfach das Weichholz mit entsprechenden Werkzeugen in die gewünschte Form bringen (z. B. kann ein sehr runder Griff in eine ekkige oder ovale Form gebracht werden).

Die Bespannung

Unter den Squashspielern gibt es die gleiche Diskussion wie unter Tennisspielern: Kunst- oder Darmbesaitung und mit welcher Härte soll bespannt werden. Nur mit dem Unterschied, daß Squashspieler grundsätzlich keinen Regen zu befürchten haben und die Bespannungshärte bei Tennisschlägern im Durchschnitt 6 bis 7 kp über der eines Squashschlägers liegt. Um es deutlich zu sagen: Für einen Squashspieler, der nicht unbedingt in die Spitze vorstoßen möchte, ist die Kunstbesaitung die richtige. Auch die Stärke der Bespannung ist mit dem werksseitigen 13,5 kp angebracht. Es sei denn, man hat wirklich das Gefühl, daß man für seine angeschnittenen Stops und knallharten Schläge auf eine Darmbesaitung nicht verzichten kann. Dann soll man sich eine Darmsaite aufziehen lassen, da auch beim Squashen das subjektive Empfinden eine Grundlage für erfolgreiches Spiel bilden kann.

Die Haltbarkeit

Es gibt nicht nur eine Vielzahl von verschiedenen Schlägermarken, sondern beinahe eine Unzahl von verschiedenen Materialien und unterschiedlichen Materialkombinationen:
Verschiedenste Holzarten, unterschiedliche Verleimungen, Bambus, Glasfiber, Carbon ... Bezüglich der Haltbarkeit (die gefährdetsten Stellen sind der Schlägerkopf und der

Schaft) sollte man sich im Geschäft, besser noch von Spielern mit Erfahrung, beraten lassen.

Der Preis
Hier kann man wirklich sagen: »last but not least.« Denn durch die Entscheidung, in welchem Preisspektrum sich der ausgesuchte Schläger bewegen soll, ist die Auswahl schon stark eingeschränkt. Für diejenigen, die diese Vorauswahl nicht treffen wollen: Das Spektrum bewegt sich im Augenblick zwischen 25 und 360 DM. Wer aber als Squasher weiß, welche Folgekosten durch diesen Sport noch auf ihn zukommen können und unter Berücksichtigung des vorgenannten Kriteriums Haltbarkeit und wenn man dann schließlich noch bedenkt, daß sich im Laufe der zunehmenden Spielerfahrung auch der Schlägergeschmack ändern kann, so sollte sich die Wahl eines Anfängers im Preisbereich von 25 bis 90 DM bewegen.

Der Court

Im Gegensatz zum Tennis wird beim Squash der Ball nicht über ein Netz dem Partner zugespielt, sondern gegen eine der drei den Court begrenzenden Wände. Der Partner muß diesen Ball wiederum gegen die Wand schlagen.
Der Court besteht aus drei hohen, glatt verputzten Wänden (Abb. 4). Die Ausmaße können Sie der Skizze entnehmen (Abb. 5). Auf neueren Plätzen ist die Rückwand meist aus Panzerglas, so daß die Zuschauer von dort das Spiel verfolgen können.

Abbildung 4

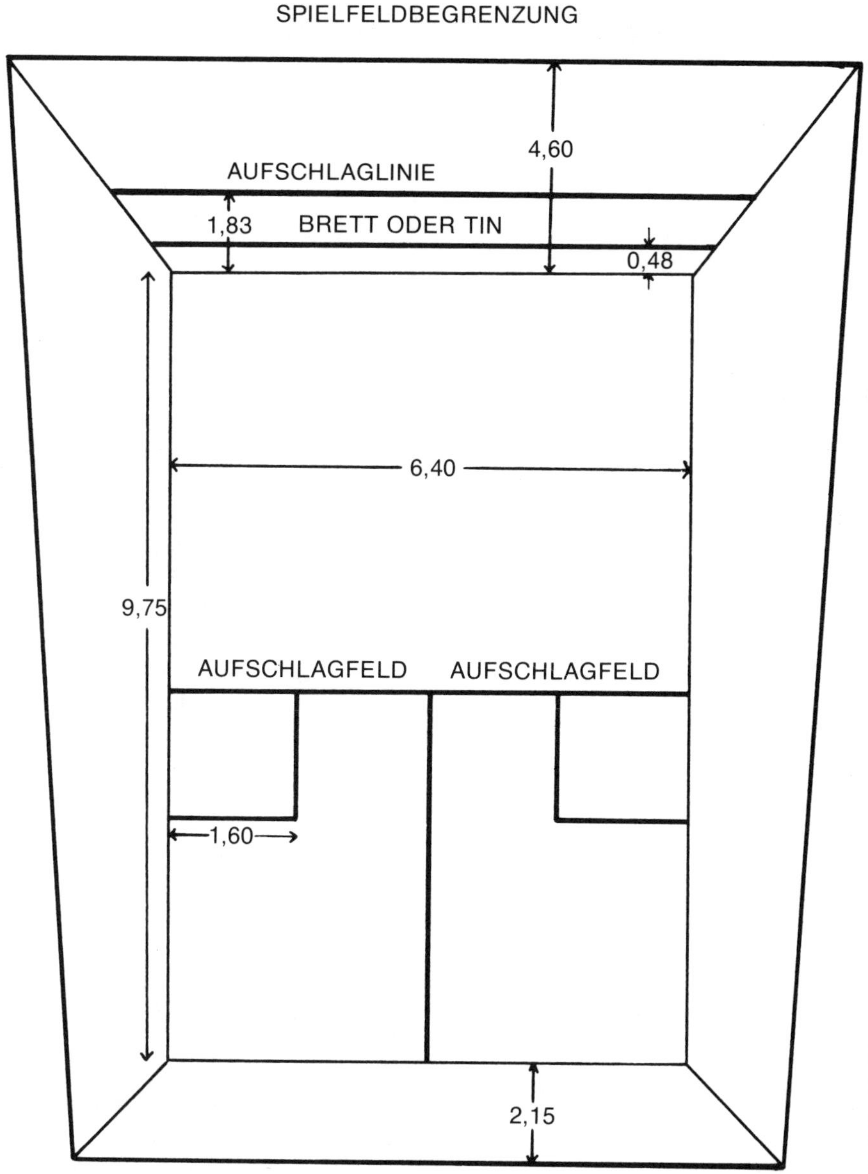
SPIELFELDBEGRENZUNG
4,60
AUFSCHLAGLINIE
1,83
BRETT ODER TIN
0,48
6,40
9,75
AUFSCHLAGFELD
AUFSCHLAGFELD
1,60
2,15

Abbildung 5

Griffe und Schläge

Die Vorhand

Eine Anmerkung für die Linkshänder: Um es nicht zu umständlich beschreiben zu müssen, beziehen sich alle Angaben und Zeichnungen auf Rechtshänder.

Der Griff

Für die ersten Ballgewöhnungsübungen ist es unerheblich, wie der Schläger gehalten wird; denn hier kommt es ja nur darauf an, ein bißchen Gefühl für das Springverhalten des Balles auf Schläger, Wand und Boden zu bekommen. Um aber die Vorhand – und natürlich auch alle anderen Schläge – richtig ausführen zu können, ist es eine der wichtigsten Grundvoraussetzungen, den Schläger richtig zu halten.

Am einfachsten ist folgende Ausgangsstellung:

Die linke Hand ergreift den Schlägerhals, so daß die schmale Schlägerseite zum Körper zeigt. Die rechte Handfläche wird auf die Besaitung gelegt und dann langsam entlang des Schlägerhalses zum Griff geführt.

Die Hand schließt sich dabei nicht zur Faust, sondern der Zeigefinger liegt etwas gestreckter.

Das Handgelenk bleibt immer aufgerichtet, so daß der Schlägerkopf immer höher ist als die Hand (Abb. 6 und 7).

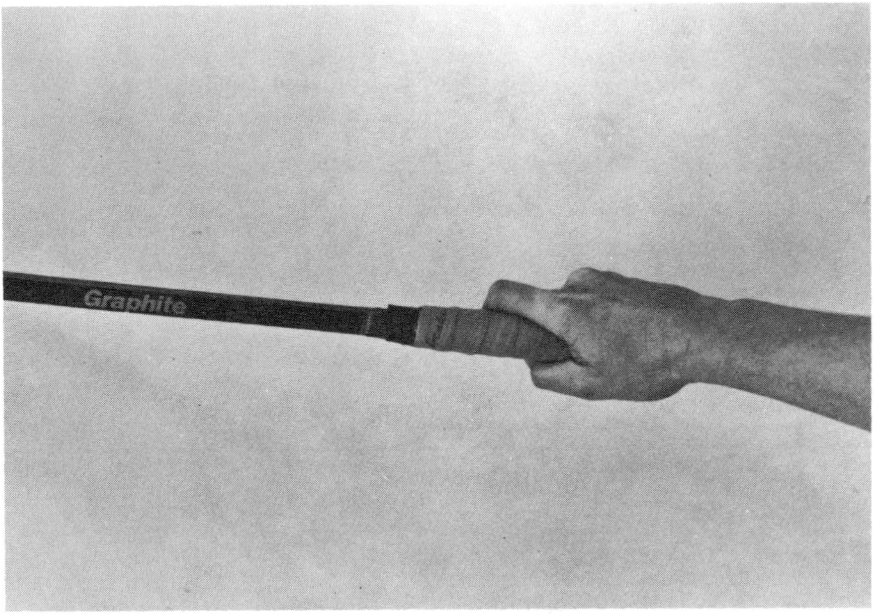

Abbildung 6

Abbildung 7

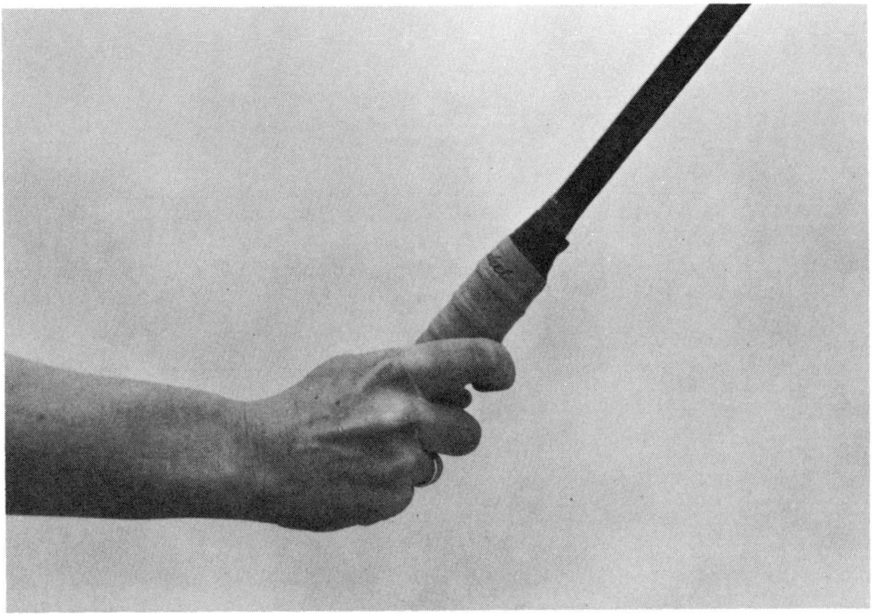

Aufschwung

○ Der Schläger wird zu Beginn des Schlages so erhoben, daß der Unterarm senkrecht zum Boden zeigt.

Abbildung 8

- ○ Der Oberarm bildet zum Unterarm und zum Oberkörper einen rechten Winkel.
- ○ Der Blick ist auf den Ball gerichtet.
- ○ Das Handgelenk wird leicht nach hinten gebogen.
- ○ Die Knie sind locker gebeugt.
- ○ Das Gewicht wird in erster Linie vom hinteren Fuß getragen.

Abbildung 9

Schwung und Augenblick der Ballberührung

- ○ Der Oberarm wird dicht am Körper geführt (Abb. 10 und 11). Unbedingt gleich zu Beginn darauf achten, daß der Schwung nicht zu exsessiv geführt wird, d. h. eine Art wilden Rundumschlages verhindern, um die Gefährdung des Mitspielers auf ein Minimum zu beschränken, zumal die Treffgenauigkeit und das Ballgefühl bei dieser Art des Schwunges sehr zu wünschen übrig lassen.
- ○ Der Schläger wird im Augenblick der Ballberührung möglichst parallel zum Boden gehalten.

Abbildung 10 *Abbildung 11* ▶

- ○ Das Handgelenk ist fast gerade gestellt, d. h. nicht mehr so weit nach hinten gebogen wie zu Beginn des Schlages. Es sollte aber gerade in dieser Phase des Schlages vermieden werden, daß Schläger und Arm eine gerade Linie bilden (Abb. 12).
- ○ Der Blick ist auf den Ball gerichtet.
- ○ Der Ball sollte spätestens auf der Höhe des vorderen Fußes getroffen werden (Abb. 13).

Abbildung 12

Abbildung 13 ▶

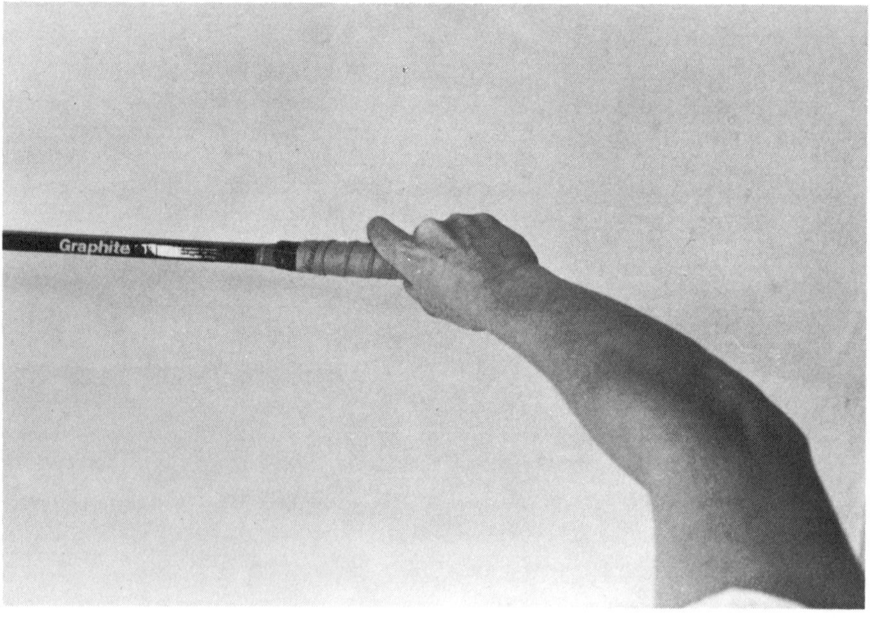

Abbildung 14

- Der Ball wird mit der Mitte der Schlagfläche getroffen.

In bezug auf die Haltung des Schlägerkopfes gibt es zwei Möglichkeiten:

Wenn der Ball möglichst lang getrieben werden soll, oder man beabsichtigt, einen Lob zu schlagen, ist der Schläger geöffnet (Abb. 14).

Abbildung 15

Soll der Ball hart und doch kurz geschlagen werden, ist der Schläger geschlossen (Abb. 15). Mit sehr viel Ballgefühl kann der Schlag auch geschlossen für einen überrissenen Stopball ausgeführt werden.

Ausschwung

Der Schwung wird bis an die linke Schulter geführt (Abb. 16 und 17). Wenn man die Linie, die der Schlägerkopf während des gesamten Schlägerschwunges ausführt, aufzeichnet, so ergibt das eine Kreis-

Abbildung 16

linie. Der Schlägerkopf ist also bei Schlagende dort, wo er bei Schlagbeginn war.

○ Der Blick ist auf den Ball gerichtet.

○ Die Gewichtsverlagerung, die während des Schlages von hinten nach vorne stattgefunden hat, ist nun abgeschlossen: Das Ge-

Abbildung 17

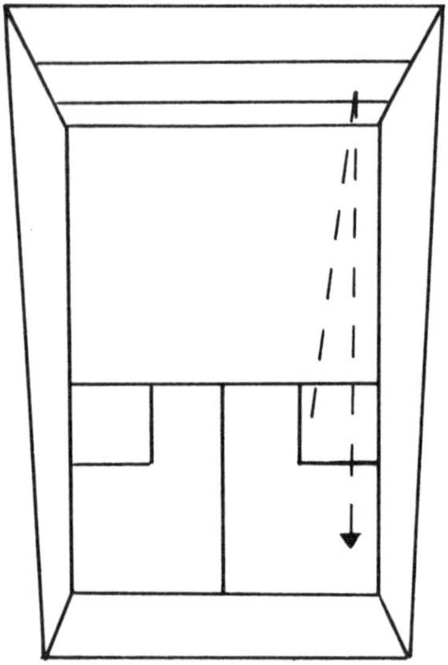

Abbildung 18

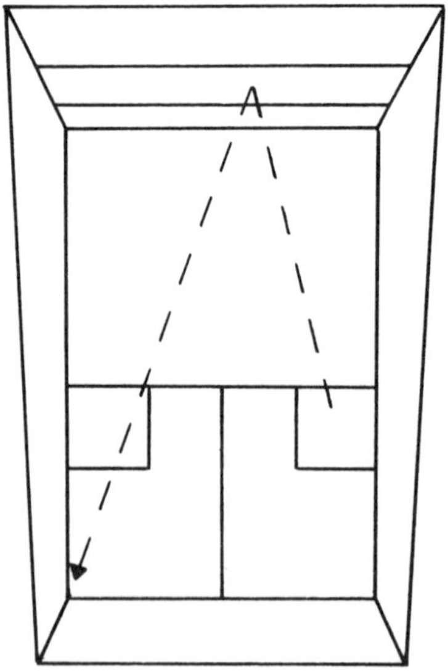

Abbildung 19

wicht wird voll vom linken Fuß getragen. – Findet diese Gewichtsverlagerung in optimalem Einklang mit dem Schwung statt, wird die Kraft, die zur Ausführung des Schlages von Arm und Rumpfmuskulatur eingesetzt wird, zu einer guten Ergänzung durch den Einsatz der Masse des Körpers.

- Der linke Fuß verbleibt in der Ausgangsstellung.

Die Flugrichtung des Balles (ob Cross oder Länge) wird durch geringere oder größere Öffnung der Schulter mitbestimmt:

- Für die Länge (Abb. 18) bleibt die linke Schulter relativ geschlossen. D. h. auch nach Schlagausführung bildet die Schulterachse fast eine Parallele zur Seitenwand.
- Für den Cross (Abb. 19) wird die linke Schulter weiter geöffnet. D. h. die Schulterachse bildet eine Parallele zur Spielwand.

Die Rückhand

Bei der Rückhand beobachtet man bei sehr vielen Anfängern psychologische Barrieren: Alles, was auf der Vorhand noch so locker ausgeführt wurde, wird nun ängstlicher und verkrampfter. Dabei ist die Rückhand mit zunehmendem Spielvermögen mindestens genau so einfach zu schlagen. In vielen Spielsituationen ist es sogar einfacher, einen präzisen Rückhandball zu schlagen.

Aufschwung

Erwähnt werden sollen hier nur die Besonderheiten, die sich von der Vorhand unterscheiden.
Das Kinn berührt die rechte Schulter (Abb. 20 und 21).

Abbildung 20

Abbildung 21

Schwung und Augenblick der Ballberührung

Die Haltung im Augenblick der Ballberührung in Vorder- und Rückansicht (Abb. 22 und 23).

Abbildung 22

Abbildung 23

Ausschwung

Die Haltung beim Ausschwung des Rückhandschlags in Vorder- und Rückansicht (Abb. 24 und 25).

Abbildung 24

Abbildung 25

Immer die Augen auf den Ball gerichtet!

Der Aufschlag

Zwar erscheinen die Möglichkeiten, einen Aufschlag auszuführen, durch die vorgegebenen Regeln sehr eingeschränkt, doch haben sich im Laufe der Zeit viele Variationen entwickelt, die je nach eigenem Können und Spielstandard des Mitspielers ihren Einsatz finden sollten.

Natürlich ist der Aufschlag nur ein geringer Bestandteil des gesamten Spieles. Es soll auch nicht dazu verführt werden, Freundschaftsspiele in langweiliges Geplänkel ausarten zu lassen in dem Stil: Ich mache eine tolle Angabe und du bekommst ihn nicht. Aber auf der anderen Seite sollte man den negativen Wert eines miserabel ausgeführten Aufschlages in einem wichtigen Spiel nicht unterschätzen. Deswegen noch einiges grundsätzliches zum Aufschlag:

- Man sollte sich für seine eigene Angabe immer Zeit genug lassen, um sie konzentriert ausführen zu können.
- Der Ball wird mit Gefühl ins Spiel gebracht. Dazu zählen auch die hart geschlagenen Angaben, denn es nützt nichts, den Ball mit aller zur Verfügung stehenden Kraft zu schlagen, wenn er dann vom Gegner nach dem Berühren der Rückwand leicht und effektvoll retourniert werden kann.
- Der Blick ist auf den Ball gerichtet.
- Die Art der Angabe während eines Spieles variieren. Darauf soll man allerdings verzichten, wenn man mit einer bestimmten Art Aufschlag eine besondere Schwäche des Gegners ausnutzen kann.

Das Gesagte verdeutlichen die Abbildungen.

Schema der Flugkurve beim Vorhand-Lob-Aufschlag (Abb. 28).

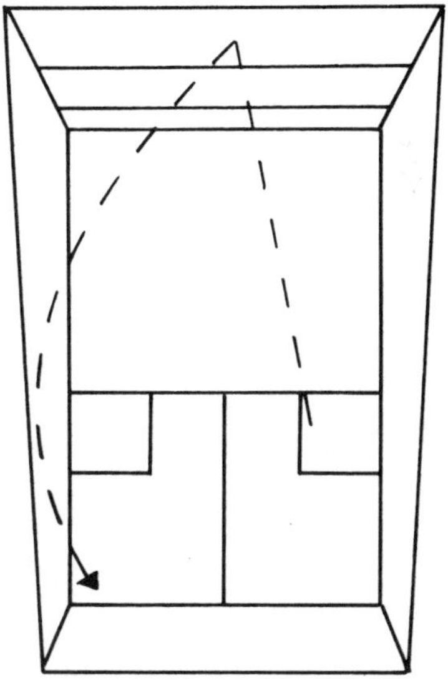

Abbildung 28

Vorhand-Lob-Aufschlag (Abb. 26 und 27).

Abbildung 26

Abbildung 27

Harter Vorhand-Aufschlag (Abb. 29 und 30).

Abbildung 29

Abbildung 30

Rückhand-Aufschlag (Abb. 31 und 32).

Abbildung 31

Abbildung 32

Die Schlagvarianten

Die Anzahl der Schlagvarianten, die man zur Verfügung hat, ist eine Frage des eigenen Könnens, des eigenen Spielwitzes und der Möglichkeiten, die einem der Gegner offen läßt. Es gibt in jeder Spielerebene – vom Hobbysquasher bis zum Profi – verschiedene Spielcharaktere. Nur

Vorhand-Aufschlag von der linken Seite (Abb. 33 und 34).

Abbildung 33

bietet gerade der Squashsport viel Gelegenheit, mit Hilfe der vielen Variationsmöglichkeiten dem eigenen Temperament und der eigenen Spiellaune Raum zu geben.

All diese Schlagvarianten sind grundsätzlich von vier Faktoren bedingt:

- von der Flughöhe des Balles,
- von der Ballgeschwindigkeit,
- von der Flugrichtung des Balles,
- vom Zeitpunkt der Ballannahme.

Diese Faktoren ergeben je nachdem, wie sie auftreten, den eigentlichen Schlag. Im folgenden sollen einige Schlagvarianten beschrieben werden.

Abbildung 34

Boast

Je nach Spielvermögen ist der Boast (Ball über die Seitenwand) ein Verteidigungs- oder ein den Gegner überraschender Angriffsschlag. Er kann sowohl auf der Vorhand als auch auf der Rückhand in der Nähe der Spielwand oder im hinteren Teil des Courts geschlagen werden.

Grundsätzliches zum Boast:

- Der Blick ist auf den Ball gerichtet.
- Die Knie sind weiter als sonst gebeugt. Der Boast benötigt mehr als die einfachen Vorhand- oder Rückhandschläge den freien Schwung, da die Seitenwand dem Ball beim Aufprall nach relativ kurzer Flugzeit viel von seiner Ausgangsenergie nimmt. Um so weiter der Gegner den Ball in eine Ecke des Courts getrieben hat, um so länger und tiefer wird der Ausfallschritt zur Annahme des Balles. Das hat den weiteren Vorteil, daß der Ball vom T aus mit weniger Schritten und damit auch schneller und ökonomischer erreicht werden kann!
- Der Schlägerkopf ist weit geöffnet.
- Die Füße stehen senkrecht zur Seitenwand. Ist der Ball weit vom Gegner getrieben worden, stehen die Füße diagonal im Court, so daß der Rücken fast zur Spielwand zeigt.
- Der Schwung wird dadurch unterstützt, daß der Oberkörper aus der Hüfte heraus zur Spielwand gedreht wird.
- Gerade bei diesem Schlag ist es wichtig, daß der Schwung bis zum Ende ausgeführt wird.
- Beim Boast aus der Tiefe sollte der Flugwinkel des Balles so gewählt werden, daß der Ball nach Berühren der Spielwand noch kurz die Seitenwand berührt.
- Beim Boast vom T aus sollte die Flugbahn von der Seitenwand zur Spielwand entweder sehr kurz oder sehr lang sein.

Das Gesagte verdeutlichen die Abbildungen.

Vorhandboast (Abb. 35 und 36).

Abbildung 35

Abbildung 36

Vorhandboast in der Ecke (Abb. 37).

Abbildung 37

Vorhandboast aus der Tiefe (Abb. 38).

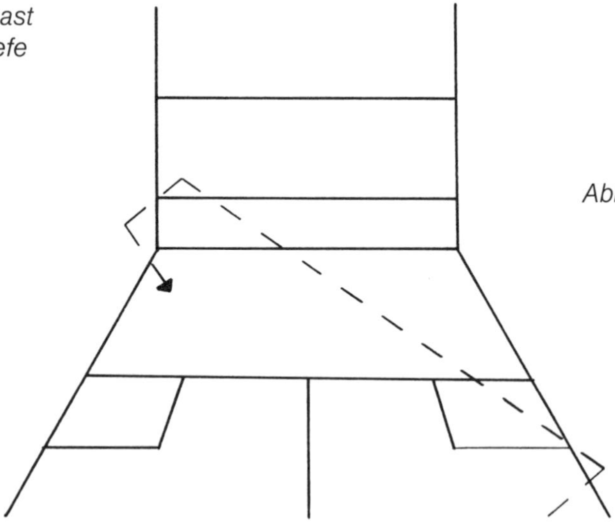

Abbildung 38

Vorhandboast vom T (Abb. 39).

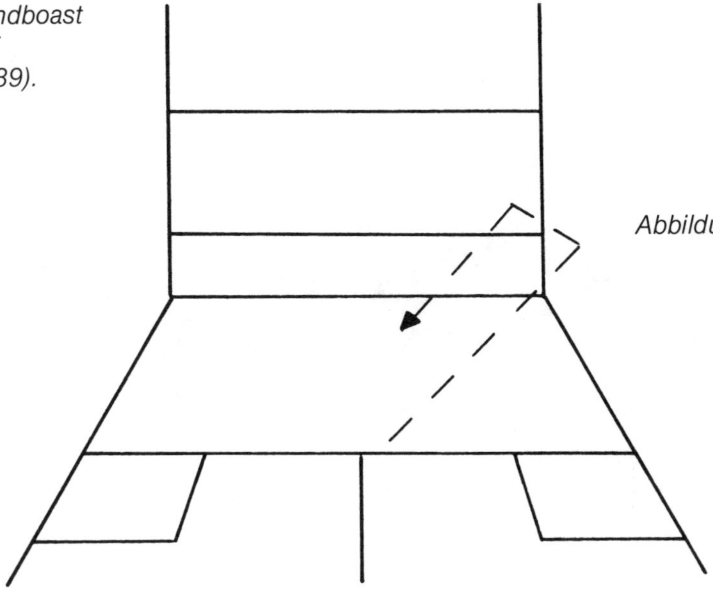

Abbildung 39

Vorhandboast vom T (Abb. 40).

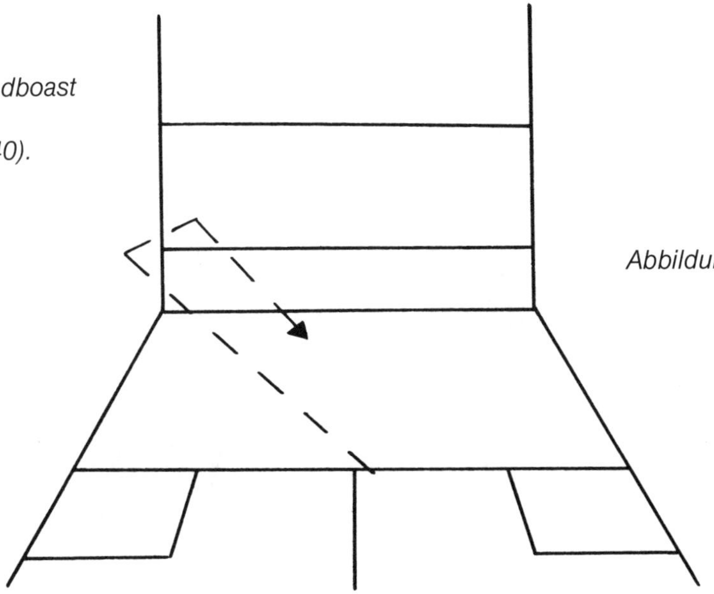

Abbildung 40

Rückhandboast (Abb. 41).

Abbildung 41

Rückhandboast (Abb. 42).

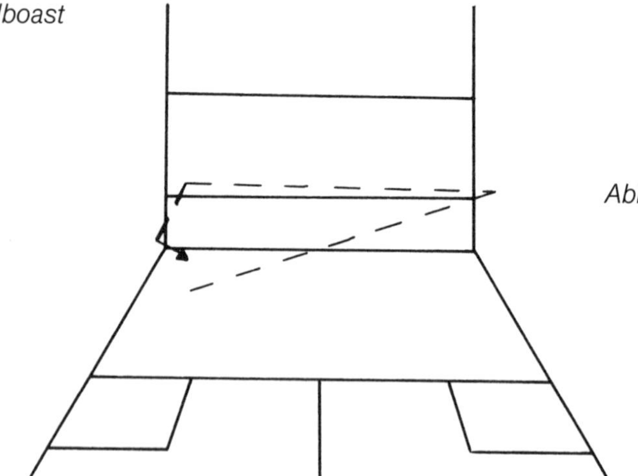

Abbildung 42

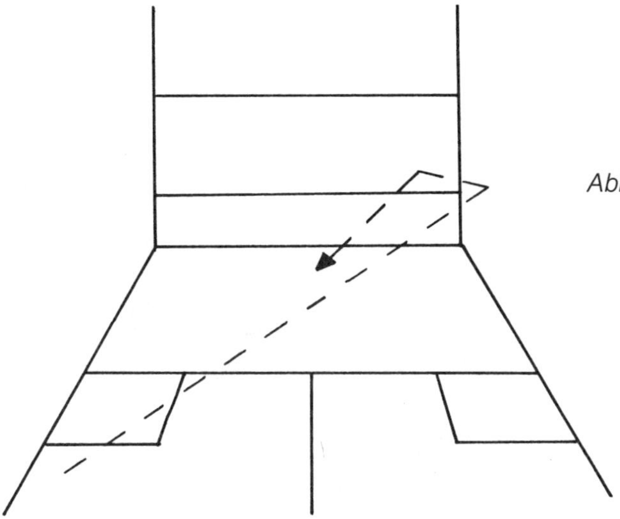

Abbildung 43

Boast als Rückgabe der Angabe (Abb. 43).

Dropshot

Für diesen Schlag gilt ähnliches wie für den Boast:
Wenn man vom Gegner unter Druck gesetzt wird, spielt man diesen Ball als Verteidigungsschlag, da Schnelligkeit und Kraft für keinen anderen Ball ausgereicht hätten.
Dabei ist der Dropshot ein ganz ausgezeichneter Angriffsschlag, der, wird er taktisch und technisch gut ausgeführt, den Gegner ständig unter Laufdruck setzen kann.
Grundsätzliches zum Dropshot:

- ○ Der Blick ist auf den Ball gerichtet.
- ○ Der Aufschwung ist derselbe wie beim Vorhandschlag. Gerade hier sollte man nicht dem Fehler verfallen, einen Schlag, der in der Ausführung nicht so viel Kraft benötigt, mit hängendem Schläger zu beginnen; denn erstens kann dieser Schlag dann nur noch als Heber ausgeführt werden und zweitens ist bei richtigem Aufschwung die Verwirrung des Gegners über das eigene Vorhaben viel größer.
- ○ Der Ball wird mit dem offenen Schläger getroffen, wobei ihm durch die Abwärtsbewegung des Schlägerkopfes ein Effet versetzt und Energie genommen wird.
- ○ Die Spielwand wird mit dem Ball

möglichst flach über dem Tin getroffen.

- Nach dem Berühren der Spielwand sollte möglichst niedrig die Seitenwand getroffen werden. (Ideal: Der Ball trifft genau die Stelle, wo sich Seitenwand und Boden berühren, das sogenannte Nick.)
- Auch bei diesem Schlag wird das Gewicht während des Schwunges vom hinteren auf den vorderen Fuß verlagert.
- Aus taktischen Gründen sollte der Dropshot möglichst nur dann gespielt werden, wenn sich der Gegner hinter dem Schlagausführenden befindet, um den oben erwähnten Laufdruck aufrechtzuerhalten.
- Besonders beim Einsatz des Dropshots ist die Gefahr groß, daß der Schlagausführende nach Beendigung des Schlages den Weg zum Ball für den Gegner nicht gänzlich freigibt, so daß ein Let oder Point »for striker« gegeben werden muß.

Das ist nicht nur aus Gründen der Fairneß ein Fehler, sondern um so ärgerlicher, wenn man glaubt, daß der eigene Schlag sehr gut und für den Gegner nahezu unerreichbar war. Um das zu verhindern, sollte man zur Schlagausführung möglichst weit von der Seitenwand entfernt stehen. Das bedingt oftmals einen weiten Ausfallschritt, der übrigens der Qualität des Schlages zusätzlich zugute kommt.

Vorhanddropshot (Abb. 44).

Rückhanddropshot (Abb. 45).

Abbildung 44

Abbildung 45

Vorhandstop (Abb. 46).

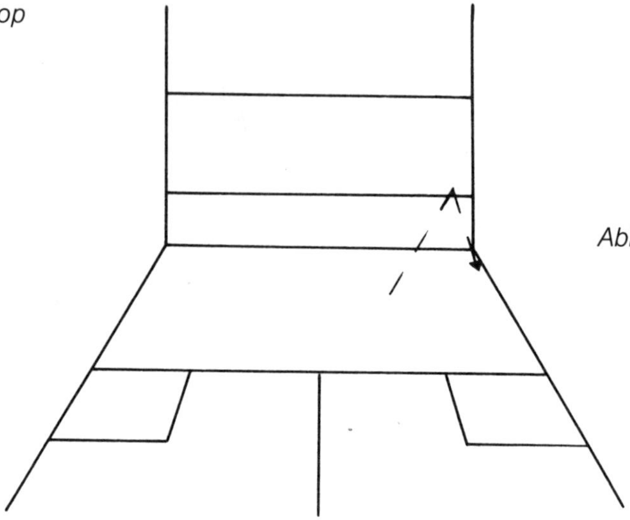

Abbildung 46

Vorhandstop (Abb. 47).

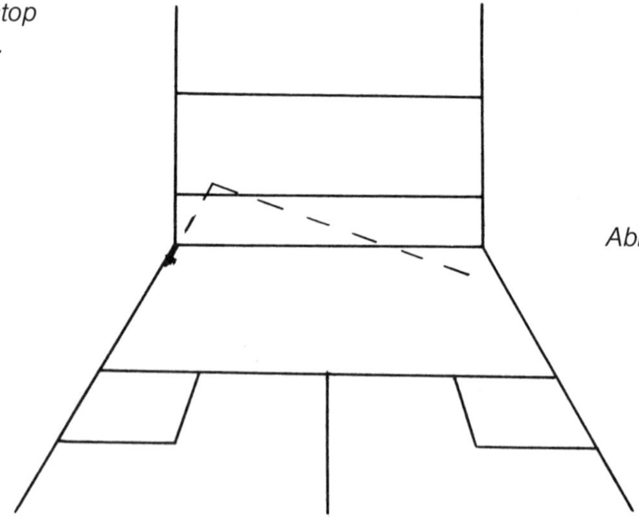

Abbildung 47

Rückhandstop (Abb. 48).

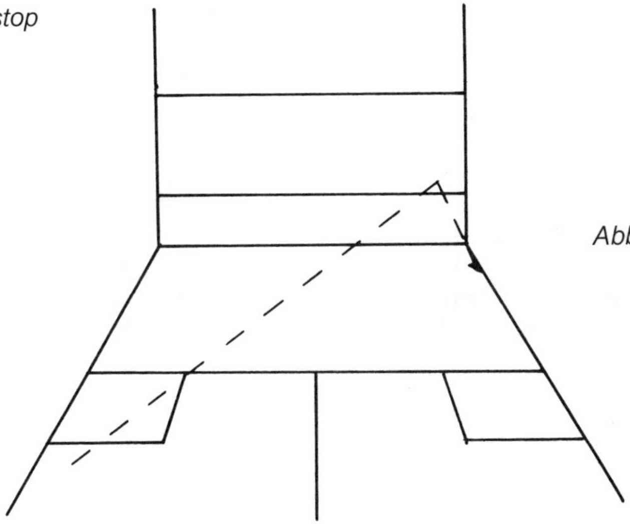

Abbildung 48

Vorhandstop (Abb. 49).

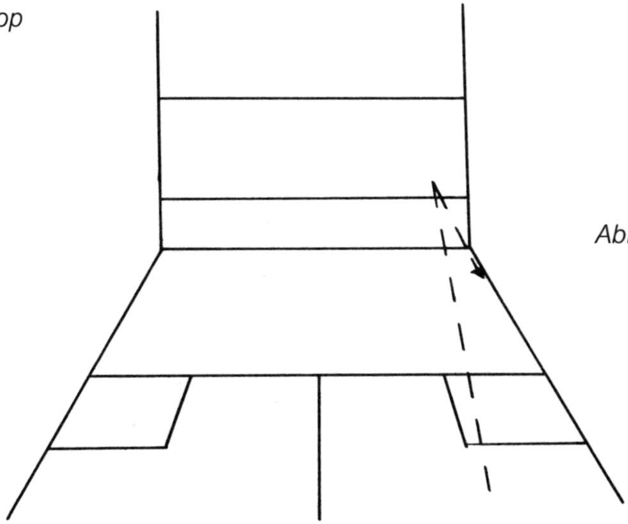

Abbildung 49

Lob

Der Lob ist der Schlag, der viel Ballgefühl und im besonderen Maße taktische Übersicht erfordert. Er kann eine sehr gute Antwort auf einen Boast oder einen Dropshot sein, wird also in den meisten Fällen auf dem vorderen Teil des Platzes geschlagen.

Grundsätzliches zum Lob:

- Der Blick ist auf den Ball gerichtet.
- Die Knie sind tief gebeugt.
- Der Ball wird sehr tief mit offenem Schläger getroffen.
- Der Schwung wird voll ausgeführt, um der Flugbahn des Balles die maximale Flughöhe zu verleihen.

Zum Schlagen des Lobs gehört genügend Mut; denn es gilt, einen Gegner, der eventuell die T-Position innehat, zu »überlobben«, d. h. es muß die Möglichkeit ausgeschaltet werden, daß der Gegner den Ball mit einem Volley retourniert. Ziel des Lobs ist es, den Gegner aus einer günstigen Position möglichst weit in den Court nach hinten zu treiben. Vor allem ist der Lob durch die relativ lange Flugzeit eine hervorragende Möglichkeit, nach einer Phase des starken Laufdrucks ein wenig zur Ruhe zu kommen.

Vorhandlob (Abb. 50 und 51).

Rückhandlob (Abb. 52 und 53).

Abbildung 50

Abbildung 51 ▶

Abbildung 52 *Abbildung 53 ▶*

Volley

Der eigentümliche Charakter des Squashspiels – Schnelligkeit, Reaktion, Lauffreudigkeit, usw. – wird in ganz entscheidendem Maße durch den Einsatz des Flugballes, genannt Volley, erreicht. Nur allzu leicht verführt die rettende Rückwand eines Squashcourts dazu, Bälle passieren zu lassen. Welchen großen Nachteil solch ein Verhalten auf den eigenen Spielerfolg hat, merkt man spätestens dann, wenn man einen Tennisspieler zum Gegner hat.

Der wird sich keine Gelegenheit entgehen lassen, durch den Einsatz von Volleys das Spiel so schnell zu machen, daß sein Gegner unter ständigem Laufdruck steht. Aus dieser Grundüberlegung heraus sollte man sich in vielen Spielsituationen die Mentalität eines Federballspielers zulegen, der jeden Ball Volley schlagen muß.

Grundsätzliches zum Volley:

- Der Schläger ist während des Wartens auf den Ball ständig erhoben, um den Weg des Schlägerkopfes zum Ball möglichst kurz sein zu lassen.
- Der Blick ist auf den Ball gerichtet.

- Der Oberkörper zeigt vor und bis zur Ballberührung zur Seitenwand.
- Die Füße stehen, wie es in der Normalstellung für Vorhand bzw. Rückhand beschrieben ist. Natürlich gilt aber auch hier, daß davon Ausnahmen gemacht werden können. D. h. die eigentlich technisch richtige Stellung wird zu Gunsten der Tatsache, daß an erster Stelle das Erreichen des Balles steht, aufgegeben.
- Eine gute Hilfe für den Rückhandvolley kann es sein, die linke Hand als Führhand unter den rechten Arm zu halten.

Das Gesagte verdeutlichen die Abbildungen.

Vorhandvolley (Abb. 54 und 55).

Abbildung 54

Abbildung 55 ▶

Abbildung 56

Vorhandvolley (Abb. 56).

Rückhandvolley (Abb. 57).

Abbildung 57 ▶

Rückhandvolley (Abb. 58, 59).

◀ Abbildung 58

Abbildung 59

Rückhandvolleystop als Rückgabe einer Angabe (Abb. 60).

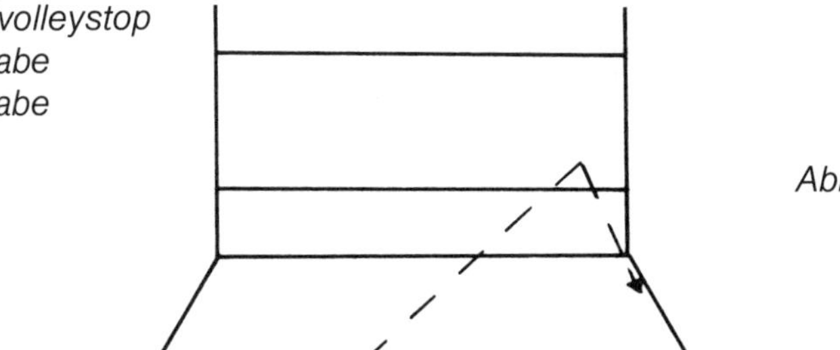

Abbildung 60

Vorhandvolleyboast (Abb. 61).

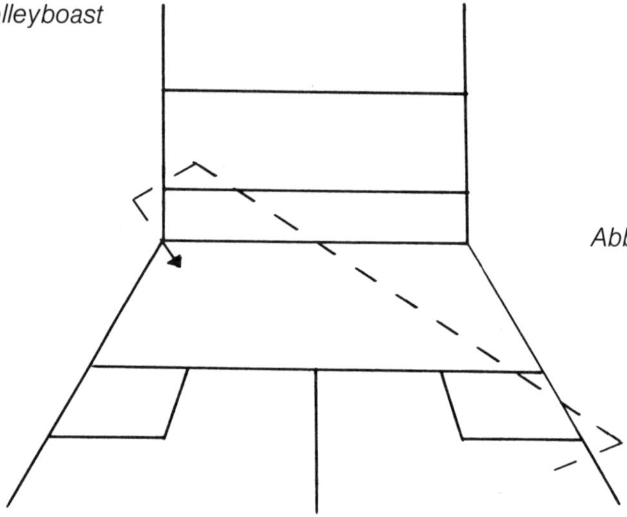

Abbildung 61

Vorhandvolley (Abb. 62).

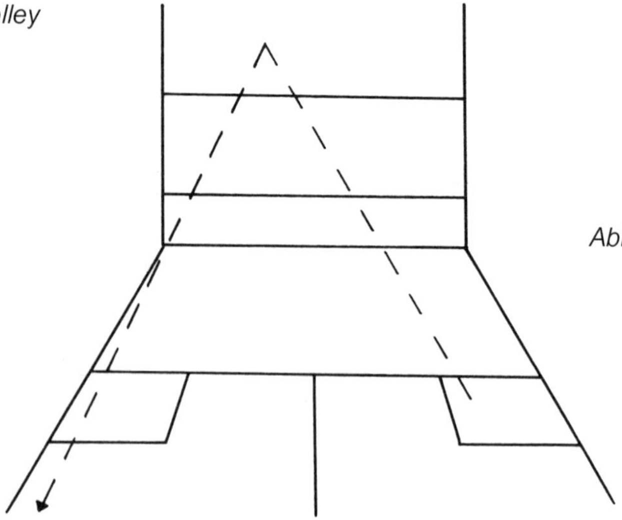

Abbildung 62

Rückhandvolley als Rückgabe einer Angabe (Abb. 63).

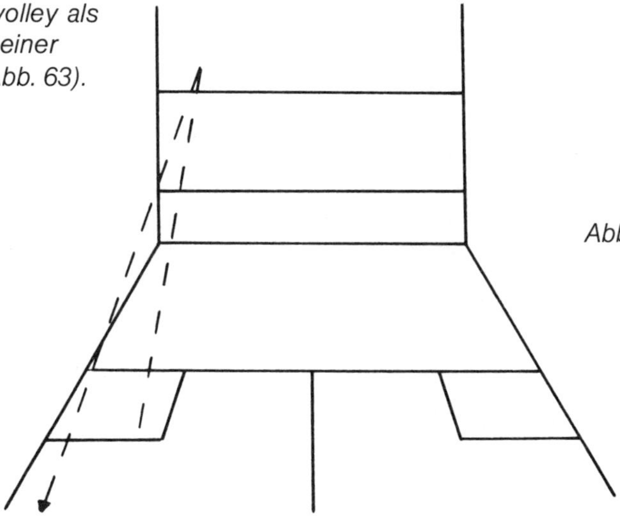

Abbildung 63

Vorhandübung (Abb. 64).

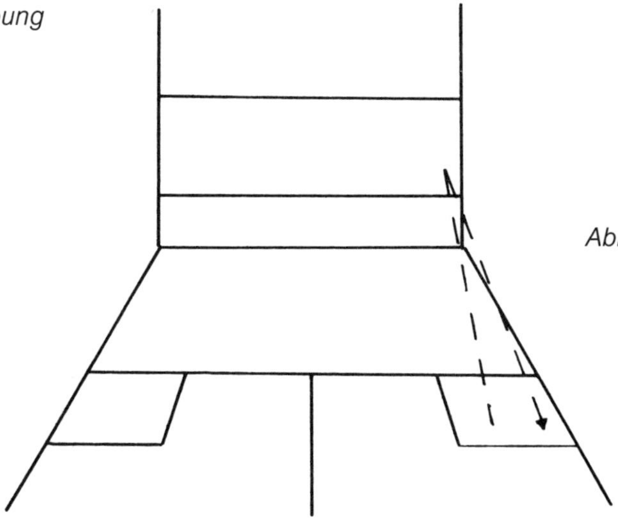

Abbildung 64

Rückhandübung (Abb. 65).

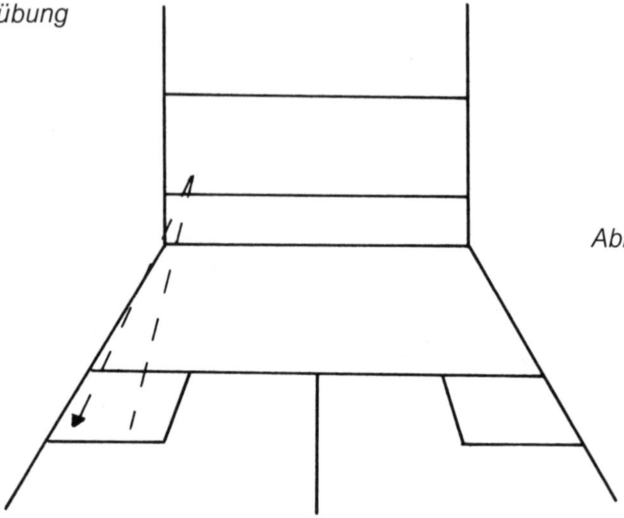

Abbildung 65

Training

Fitnesstraining

Zum Konditionstraining können keine allgemeingültigen Tips gegeben werden. Zu sehr ist das, was zur persönlichen Fitness getan werden kann oder muß von der individuellen Vorerfahrung in bezug auf andere Sportarten und von physischen Gegebenheiten bestimmt. Außerdem ist Ausmaß und Art, wie man sich auf das Spiel konditionell vorbereiten will, entscheidend von den Zielen abhängig, die man sich gesetzt hat. Jedoch gerade der Freizeitsquasher sollte bedenken, daß die Verletzungsgefahr und auch die Befriedigung beim Spiel von der persönlichen Fitness abhängt. Deshalb hier ein paar Vorschläge zu möglichen gymnastischen Übungen, die allein oder in einer Gruppe gleichgesinnter Squasher sogar auf dem Squashcourt ausgeführt werden können, und in ihrer Art auf die Zielrichtung (fitsein für das Squashen) abgestimmt sind:

Laufen

Natürlich ist es angenehmer und gesünder, in der freien Natur zu joggen. Der Squashcourt bietet jedoch eine gute Möglichkeit, Antrittsfähigkeit und Kondition gleichermaßen zu fördern:
Statt im Kreis zu laufen, besteht die Aufgabe darin, die lange Gerade des Platzes mit möglichst wenigen Schritten schnell zu durchqueren, an der Spielwand mit der Schlaghand an das Tin zu fassen und zurückzulaufen. Dabei sollte man möglichst so laufen, daß die Knie fast den Boden berühren. Dieselbe Übung kann auch vom T aus in alle Ecken des Courts ausgeführt werden. Beide Übungen haben zusätzlich den Vorteil, daß sie ein Gefühl für den Raum des Courts vermitteln.

Hüpfen

Hier kann man sich gut an den roten Linien orientieren: In den verschiedensten Formen wird eine rote Linie hin und zurück überquert (z. B. mit gestreckten Beinen aus den Fußspitzen heraus, nur auf einem Bein, in der Hocke usw.).

Übungen für die Rumpfmuskulatur

Lang auf den Rücken legen, die Beine wenig anheben und bis zehn zählen. Lang auf dem Rücken liegen, die Arme hinter dem Kopf verschränken und mit dem Oberkörper zu den angezogenen Knien zu kommen versuchen. Im Sitzen die langgestreckten Beine leicht anheben und nun verschiedene Übungen ausführen, wie z. B. die Beine kreisen lassen, die Beine spreizen und schließen oder die Beine anziehen und strecken.

Übungen für die Armmuskulatur
Liegestütz in verschiedenen Variationen: Mit unterschiedlichem Abstand der Hände zueinander, auf den Fingerspitzen oder mit Schwung, so daß die Hände und Füße sich gleichzeitig in der Luft befinden. Bei den Liegestützen sollte man sich wie auch bei den anderen Übungen nicht selber betrügen. Der gesamte Körper sollte beim Heben und Senken gestreckt bleiben, so daß beim Senken tatsächlich die volle Körperlast mit den gebeugten Armen gehalten wird.
Natürlich sind der Kreativität beim Fitnesstraining keine Grenzen gesetzt. Nur sollte man grundsätzlich die Übungen dahingehend abwechslungsreich gestalten, daß nicht bestimmte Muskel- oder Sehnenbereiche überfordert werden. Überhaupt ist es kein Zeichen für harte Konditionsarbeit, wenn man noch Tage später Muskelkater hat. Es ist angebrachter, sich langsam in der gymnastischen Fitness zu steigern.

Übungen mit dem Ball

Von dem eigenen Talent und der Zielsetzung, in vielen Fällen auch von den finanziellen Möglichkeiten, wird es abhängen, ob man zu Beginn des Squashlernprozesses und vielleicht danach in regelmäßigen Abständen Trainerstunden nimmt. Es gibt jedoch unabhängig von dieser Überlegung durchaus die Möglichkeit, mit oder ohne Partner zu trainieren. Sicherlich ist der Reiz, ein »richtiges« Spiel zu machen, wesentlich höher. Nur sollte man sich nicht scheuen, die Mühen eines richtigen Trainings auf sich zu nehmen; denn schon nach wenigen Stunden wird man die Früchte solch eines Trainings ernten können: Erhöhtes Ballgefühl und größere Sicherheit ermöglichen längere Ballwechsel und ein viel abwechslungsreicheres Spiel.

Übungen ohne Partner

- Übungen zur Ballgewöhnung:
  Ball auf dem Schläger springen lassen.
  Ball auf den Boden schlagen, abwechselnd mit der Vorhand und der Rückhand. Zuerst im Stand, dann in der Bewegung.
  Ohne auf die Fußstellung zu achten, den Ball gegen eine Wand schlagen.
- Auf das T stellen und den Ball an die Spielwand schlagen, so daß er genau so zurückspringt, daß man sich nicht vom T wegbewegen muß.

- ○ Dieselbe Übung in der Nähe einer Seitenwand ausführen. Dabei darauf achten, daß man auch die linke Seitenwand zur Übung der Rückhand einsetzt.
- ○ Den Ball vom Aufschlagquadrat aus immer wieder zur Spielwand schlagen, so daß er in das Aufschlagfeld zurückspringt. Bei dieser Übung kann der Court von zwei Spielern genutzt werden und es kann ein Wettkampf veranstaltet werden, wer es schafft, als erster eine bestimmte Anzahl von Schlägen hintereinander präzise auszuführen.
- ○ Dieselbe Übung. Dabei jedoch die Schlaghärte und Schlaghöhe variieren.
- ○ Auf dem T stehend den Ball Volley gegen die Spielwand schlagen. Dabei kann variiert werden, ob die Vorhand, Rückhand oder beides abwechselnd eingesetzt wird (Abb. 66).
- ○ Neben oder hinter dem Aufschlagviereck stehend den Ball gegen die Spielwand schlagen,

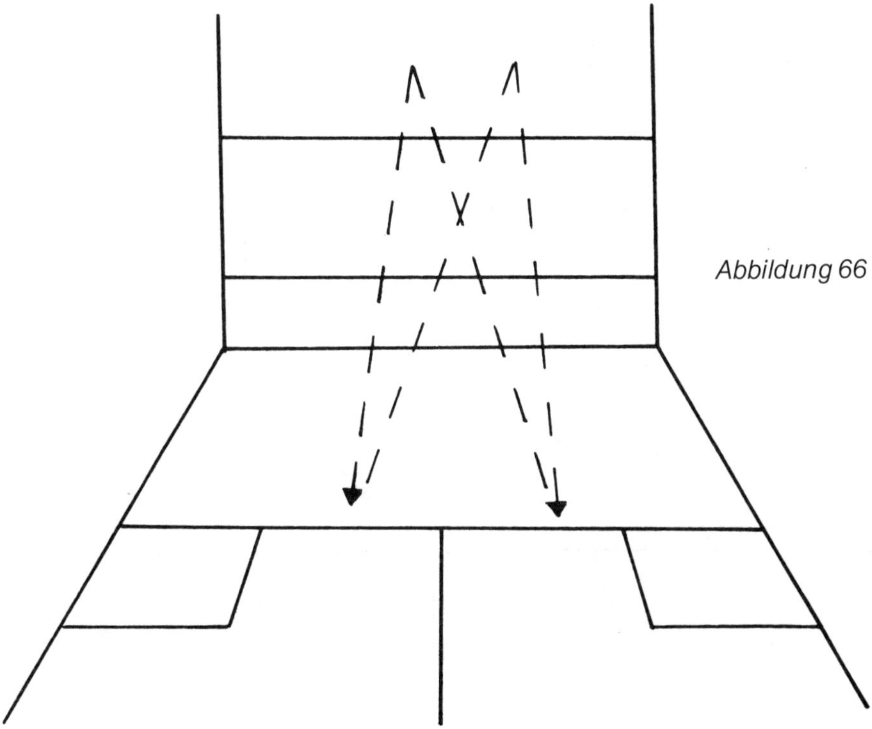

Abbildung 66

so daß er möglichst an der Seitenwand »klebt« (Abb. 67).

- Dieselbe Übung. Jetzt aber die Länge des Schlages derart variieren, daß sich ein Dropshot mit einem Lob abwechselt.
- Auf dem T stehend den Ball abwechselnd mit der Vorhand in die linke Ecke und mit der Rückhand in die rechte Ecke schlagen. Hierbei die Schlaghärte so variieren, daß man mit den härteren Schlägen die Schlagfrequenz steigert und mit den ganz weichen Schlägen einen gezogenen Dropshot schlägt (Abb. 68).

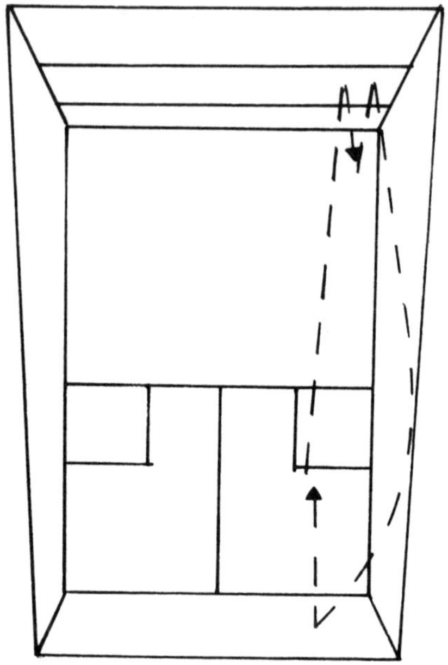

Abbildung 67

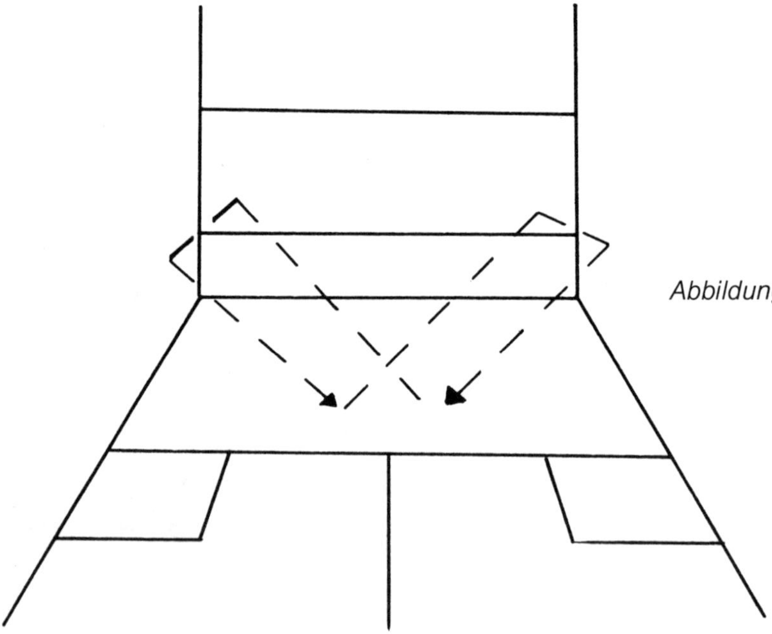

Abbildung 68

Übungen mit Partner

- ○ Ein nach den Regeln ansonsten übliches Spiel, nur wird jetzt an Bällen ausschließlich gültig gewertet, was die Mittellinie vor der Bodenberührung überquert hat.
- ○ Normales Spiel, mit der schwierigen Auflage, daß einer der beiden Spieler nur Volleys spielen darf.
- ○ Normales Spiel, jedoch darf einer der beiden Spieler keine Boasts spielen.
- ○ Beide Spieler befinden sich in der rechten Hälfte des Courts. Spieler A spielt einenStop von hinten, Spieler B eine Länge, usw. (Abb. 69).
- ○ Dieselbe Übung auf der Rückhand.
- ○ Dieselbe Übung, nur versucht diesmal Spieler A den Ball Volley zu nehmen.
- ○ Spieler A spielt einen Boast von hinten rechts, Spieler B retourniert mit einem Rückhandcross, usw. (Abb. 70).
- ○ Dieselbe Übung aus der linken Seite des Courts.
- ○ Spieler A spielt von hinten rechts einen Boast, Spieler B antwortet mit einer Länge, Spieler A setzt Übung mit einem Boast von der anderen Seite fort, Spieler B spielt eine Länge auf der Vorhand usw. (Abb. 71).
- ○ Dieselbe Übung, nur wechselt Spieler B zwischen Länge und Cross, so daß Spieler A nicht weiß, auf welche Seite der Ball geschlagen wird.

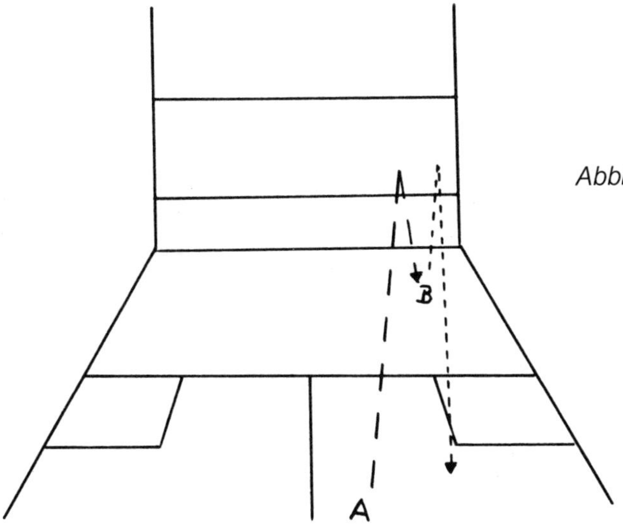

Abbildung 69

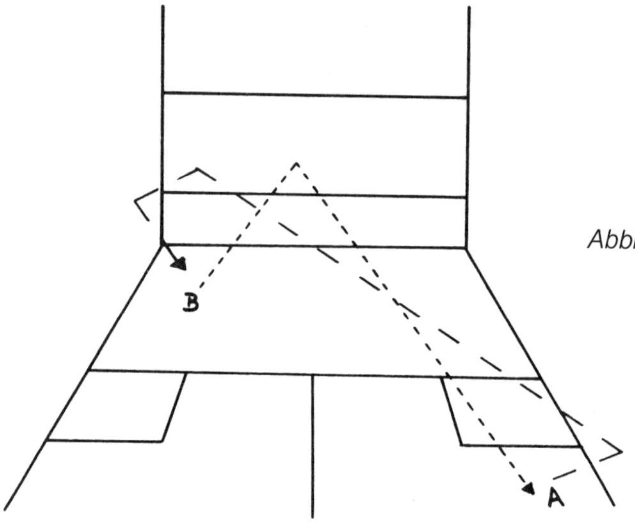

Abbildung 70

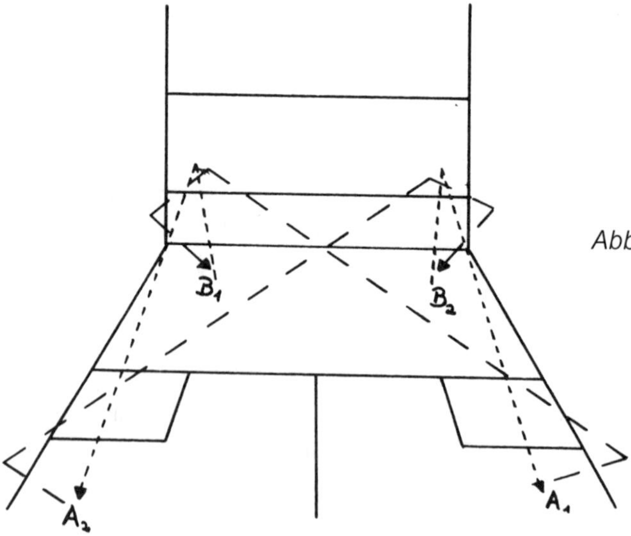

Abbildung 71

Das Spiel im Turnier

In einem Turnier stehen jedem Spieler laut Reglement direkt vor dem Spiel nur vier Minuten Einspielzeit zur Verfügung. Unabhängig davon, daß sich jeder natürlich schon eine längere Zeit mit oder ohne Partner auf einem anderen Court vorbereitet haben sollte, muß die offizielle Einspielzeit optimal genutzt werden:

Es kommt nun auf zwei verschiedene Dinge an. Nicht nur daß man in dieser kurzen Phase noch einmal versuchen sollte, ein gutes Gefühl für den Ball zu bekommen, sondern man sollte diese Zeit auch zur eigenen psychischen Vorbereitung auf das Spiel nutzen. Gerade deswegen wäre es unangebracht, die wenigen Minuten unkonzentriert zu verbringen.
Um das richtige Gefühl für den Ball zu bekommen, gibt es ein paar grundsätzliche Regeln:

- ○ Technisch die Bälle einwandfrei schlagen (Fußstellung richtig, Schlägerhaltung beachten usw.).
- ○ Möglichst viele Schlagvarianten versuchen; nicht auf den Volley, den Dropshot und die gute Länge verzichten. Das heißt nicht nur stur den Ball cross zum Gegner schlagen.
- ○ Nicht versuchen, den Ball nur möglichst hart zu schlagen.
- ○ Eine gewisse Zeit an der T-Linie stehend versuchen, alle Bälle zurückzuschlagen, um sich auf schnelle Reaktionen einzustimmen.
- ○ Durchaus einmal versuchen, eine Serie von Bällen auf der eigenen Seite zu halten.
- ○ Vor allem aus Gründen der Fairneß darauf verzichten, dem Gegner die Bälle so zuzuspielen, daß er sie nicht erreichen kann.

Wird in einem Turnier gespielt, so ist nach besonders harten Spielen in Hinsicht auf die nächste Spiele daran zu denken, den großen Schweißverlust und den damit einhergehenden Verlust an Salzen und Mineralien dadurch aufzufangen, daß man entweder Salztabletten oder komplette Aufbaudrinks zu sich nimmt. Das vermindert die Gefahr von Krämpfen und verhindert nach schweren Turnieren das Gefühl großer Verspanntheit.
Sicherlich ist der Spielerfolg von drei Komponenten abhängig: Technik, Kondition, Taktik. Während die ersten beiden Bedingungen der körperlichen Anstrengung bedürfen, ist die letztere eine Frage des Wissens

und der Fähigkeit, dieses Wissen im Spiel einzusetzen.
Im folgenden werden die acht wichtigsten Überlegungen zu diesen Punkten erläutert.

Man sollte sich in jedem Falle davor hüten, nur aus Gründen der eigenen Bequemlichkeit nicht das T aufzusuchen.

1. Die beste Position, um den Ball des Gegners zu erwarten, ist das T

Die Grundüberlegung für diese taktisch optimale Stellung ist klar; denn von dieser Position aus sind alle Stellen des Courts nahezu gleichweit entfernt. Nur scheint aus der Erfahrung heraus dieser Erkenntnis eine psychologische Barriere entgegenzustehen, da man immer wieder Squashspieler beobachtet, die sich ein oder zwei Meter hinter dem T aufhalten. Natürlich ist diese Position dann günstig, wenn der Gegner selbst taktisch unklug immer wieder einen Ball in den hinteren Teil des Courts spielt. Nur ausgesprochen ungünstig wird diese Position, wenn der Gegner in der Lage ist, die Länge mit einem Dropshot oder einem kurzen Boast zu wechseln. Dann muß man schon sehr laufstark sein, um alle Bälle zu erreichen, was aber in jedem Falle seine Auswirkungen auf die Kondition haben dürfte.
Außerdem ist das T die Position, von der aus man sehr schnell und effektvoll einen Rückhand- oder Vorhandvolley schlagen kann. Mit einem einzigen langen Ausfallschritt zur rechten oder linken Seite ist mit dem Schläger fast die Seitenwand erreichbar.

2. Der Blick ist auf den Ball gerichtet

Schon bei der Beschreibung der Grundschläge und der Schlagvarianten taucht dieser Hinweis immer auf. Den meisten Spielern fällt es nicht schwer, den Ball zu verfolgen, bis er den Schläger berührt hat, nur sollte das »Der Blick ist auf den Ball gerichtet« danach unbedingt fortgesetzt werden. Das ist für einen optimalen Schlagablauf unbedingte Voraussetzung. Der Ball sollte förmlich mit dem Blick dorthin gezwungen werden, wo man ihn hin haben möchte. Aber auch während man selbst nicht schlägt, sollte der Blick stets auf den Ball gerichtet bleiben. Der häufigste Fehler, den man hierbei beobachten kann, ist folgender: Der Gegner ist im hinteren Teil des Courts am Schlag, man selber steht auf dem T und starrt in Erwartung des Balles auf die Spielwand, weil man weiß, daß der Ball dorthin gelangen muß, und ist dann überrascht, welche Flugbahn der Ball tatsächlich genommen hat. Man sollte sich also nicht scheuen, sich zu der Stelle, an der sich der Ball befindet, voll umzudrehen, und die Aktionen des Gegners mit dem Ball genau beobachten.

Rekordnationalspieler Peter Marquardt hat eine Rückhandlänge geschlagen, verfolgt aber weiterhin den Flug des Balles.

3. Die Knie sind immer gebeugt

Auch das ist ein Punkt, der schon bei den Schlagbeschreibungen seine Erwähnung fand. Damit ist gemeint, daß man die Schritte, mit denen man den Ball erreichen will, lang und tief ausführen soll, damit der Court rhythmisch durchquert wird. Weiter helfen die gebeugten Knie bei der Ausführung besonders des Dropshots (man trifft wesentlich präziser knapp über das Tin) und des Lobs (um einen Lob überhaupt schlagen zu können, ist Voraussetzung, tief unter den Ball zu gehen).

Man sollte sich auch angewöhnen, die Knie in der Erwartungsposition auf dem T leicht gebeugt zu halten, um die Antrittsschnelligkeit zu unterstützen.

4. Laufen und denken

Wie wichtig diese Regel ist, kann man am besten bei Squashanfängern beobachten, die viel Energie und Ehrgeiz mit in das Spiel bringen. Natürlich ist Schnelligkeit wichtig beim Squashen, nur ist es ebenso wichtig, vor und während des Laufens den Ball richtig einzuschätzen; denn man wird den Ball nur dann richtig schlagen können, wenn man den Zeitpunkt des Ballerreichens optimal trifft. Das spart nicht nur Kondition, wenn man den Ball nicht ständig überläuft, sondern erhöht die Schlaggenauigkeit. Überlegungen, ob der Ball vor oder nach dem Berühren der Seitenwand geschlagen werden soll, müssen z. B. während des Laufens gemacht und abgeschlossen werden. Manchmal spart schon ein weiter Ausfallschritt in Verbindung mit einem langgestreckten Arm viel Laufarbeit.

5. Konzentration vor jedem Schlag

Man sollte von keinem zu schlagenden Ball erwarten, daß er leicht zu bewältigen und danach für den Gegner ohnehin nicht zu erreichen ist, denn das würde die Wahrscheinlichkeit eines mißlungenen Schlages stark erhöhen.

Zur Konzentration gehört, daß man sich schon in der Bewegung auf den Ball hin entscheidet, welchen Schlag man ausführen möchte. Es wirkt sich in vielen Fällen negativ aus, wenn man für eine Situation drei oder mehr Schläge zur Wahl hat. Man sollte sich eindeutig für eine Schlagvariante entscheiden, auch wenn man kurz vor dem Zeitpunkt der Schlagausführung feststellt, daß bei der Position des Gegners taktisch ein anderer Schlag angebrachter wäre. Ein taktisch unkluger Schlag ist in jedem Falle besser als ein Ball, der ins Tin oder ins Aus geht.

6. Abstand halten

Die Regel zum Abstand halten ist in zweifacher Hinsicht zu verstehen:

- In Hinsicht auf den Ball, denn bei richtigem Abstand braucht man nicht so weit zu laufen und hält sich alle Schlagvarianten offen, d. h., daß der Gegner bei immer gleicher Grundstellung zum Ball

Der legendäre Jonah Barrington läßt den talentierten Nachwuchsspieler Bert Lehmbäcker laufen.

nicht in der Lage ist, die Schlagabsichten einzuschätzen. Man sollte sich immer wieder vor Augen halten, daß es sehr selten im Spiel Situationen gibt, in denen ein Spieler zu kurz gelaufen ist (es sei denn, weil der Ball unerreichbar war), sondern in fast allen Fällen wird der Ball förmlich überlaufen.

- In Hinsicht auf die Wände des Courts. Es gibt eine Zone im Squashcourt, die sich längs der Rückwand, der Spielwand und der Seitenwände befindet.

In dieser Zone sollte man sich niemals aufhalten, da in dieser Position der eigene Schlagablauf behindert wird. In diesem Raum sollte sich also nur die Schlaghand mit Schläger befinden, um Bälle, die an der Seitenwand »kleben«, locker und mit Gefühl annehmen zu können.

7. Keinen Ball aufgeben!

Hier handelt es sich nicht um das Konditionsproblem, sondern hier ist einzig die Einstellung des Spielers gemeint. Wenn es um die eigenen läuferischen Fähigkeiten geht, so kann man für das Squashspielen einen Grundsatz aufstellen: Sie sind gar nicht zu überschätzen. Natürlich gibt es Bälle, die nicht mehr erreichbar sind, nur ist der Anteil von Bällen, die mit ein bißchen Überwindung hätten erreicht werden können, sehr hoch. Um so weiter man seine eigenen spielerischen Fähigkeiten im Laufe der Zeit steigert, um so mehr Zeit man auf dem Squashcourt verbringt, desto häufiger wird man bemerken, daß man eigentlich für unerreichbar gehaltene Bälle doch erreichen kann.

Hat man erst einmal diese psychische Barriere durchbrochen, hat das nicht nur den Vorteil, daß das eigene Spiel erfolgreicher wird, sondern man wird mit Freude feststellen, daß die Ballwechsel länger dauern, was auf die eigene Spielmotivierung und Kondition positive Auswirkungen hat.

8. Fairneß

Der Begriff der Fairneß ist sicherlich wie in allen kampfbetonten Sportarten mannigfaltig auszulegen. Da aber gerade im Squashcourt die gegenseitige Verletzungsgefahr nicht gering ist, kann man den Bereich Fairneß hier gar nicht umfassend genug auslegen. Es geht nicht nur darum, sich nach den offiziellen Spielregeln zu verhalten. Man sollte in jeder Situation das eigene Temperament und den Ehrgeiz so im Zaume halten, daß jegliche Gefährdung des Gegners möglichst ausgeschlossen wird.

Das heißt, daß in gewissen Spielsituationen darauf verzichtet wird, den Ball zu spielen, auch wenn man dafür nur einen Letball zugesprochen bekommt. Auch die Schulung der eigenen Technik gehört zu diesem Thema, denn mit Rücksicht auf die Qualität und die Sicherheit des

Exnationalspieler Ludwig Pauli bereitet einen Dropshot vor.

Spielpartners sollte es Ziel eines jeden Squashers sein, seine Schläge möglichst eng auszuführen.
Außerdem zählt zu einem fairen Verhalten, daß man nicht versucht, den Gegner mit psychologischen Tricks zu verunsichern. Es kann z. B. nicht mit der Spielidee in Einklang gebracht werden, wenn man absichtlich alle ersten Angaben unter die Aufschlaglinie setzt oder sich grundsätzlich, wenn der Gegner schlagen will, so dicht hinter ihn stellt, daß er im Schlag behindert wird. Grundsätzlich sollte in bezug auf ein faires Spiel so gehandelt werden (auch in einem Turnier), daß im Vordergrund die Freude am Spiel und nicht das Bezwingen des Gegners steht.

Schon jetzt zieht der junge Sport viele Zuschauer in seinen Bann.

Die Regeln

1. Das Spiel, wie man es spielt
Squash wird von zwei Spielern mit genormtem Schläger und genormtem Ball auf einem Spielfeld gespielt, das die vom I.S.R.F./DSRV festgelegte Abmessungen hat (s. Seite 94).

Der Schläger
Die Gesamtlänge darf nicht mehr als 685 mm betragen. Die Bespannung darf nicht länger als 215 mm und nicht breiter als 184 mm sein, und der Schlägerkopf darf nicht breiter als 14 mm und nicht dicker als 20 mm sein.

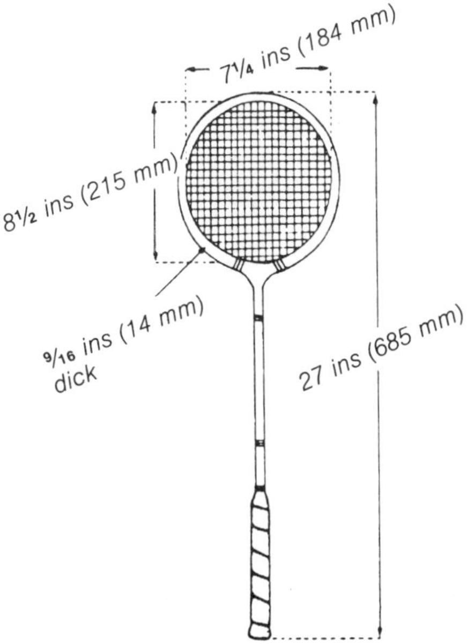

Der Rahmen muß aus Holz oder einem anderen Material sein, das von der ISRF genehmigt worden ist. Der Stiel muß aus Holz, Bambus, Metall oder Fiberglas bestehen. Der Griff oder dessen Unterlagen können aus irgendeinem Material gefertigt sein.
Gewicht inklusive Bespannung und Griffband: 255 g.

Der Ball
Bälle werden nach Geschwindigkeiten eingeteilt:
blauer Punkt – schnell
roter Punkt – mittel
weißer Punkt – langsam
gelber Punkt – sehr langsam
Der langsame Ball mit dem gelben Punkt gibt dem Spieler weniger Zeit, den Ball zu erreichen. Der gelbe Punkt wird bei fast allen Turnieren gespielt, es sei denn, die Plätze sind kälter als gewöhnlich. Dann kann ein weißer Punkt gespielt werden. Blaue und rote Punkte sind für Anfänger und Trainer geeignet.

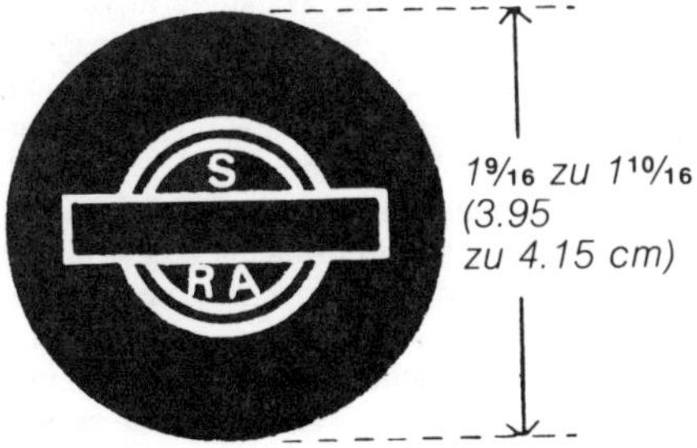

2. Zählweise

Ein Spiel geht nach Wahl der Wettkampf-Veranstalter entweder über zwei Gewinnsätze (maximal drei Sätze) oder über drei Gewinnsätze (maximal fünf Sätze). Jeder Satz hat 9 Gewinnpunkte, wobei der Spieler, der zuerst 9 Punkte erzielt hat, den Satz gewinnt.
Ausnahme: Bei einem Spielstand von 8 : 8 bestimmt der Rückschläger, bevor der nächste Aufschlag ausgeführt wird, ob der Satz bis 9 Punkte oder 10 Punkte fortgeführt wird. In letzterem Fall gewinnt der Spieler, der zuerst 10 Punkte hat. Der Rückschläger muß in jedem Fall seine Entscheidung klar dem Punktrichter, Schiedsrichter und seinem Gegner mitteilen.
Der Punktrichter soll, bevor das Spiel fortgesetzt wird, entweder »verlängert auf 10« oder »keine Verlängerung«, je nachdem, was zutrifft, rufen.

3. Punkte, wie sie gezählt werden

Spielpunkte können nur vom Aufschläger erzielt werden. Wenn der Aufschläger den Ballwechsel gewinnt, gewinnt er einen Punkt, wenn der Rückschläger den Ballwechsel gewinnt, erhält er das Aufschlagrecht.

4. Der Aufschlag

4.1. Das Aufschlagrecht wird durch Losen (schnelles Drehen des Schlägers) ermittelt. Danach schlägt der Aufschläger so lange, bis er einen Ballwechsel verliert. Dann bekommt sein Gegner das Aufschlagrecht usw.

4.2. Bei Beginn eines Satzes und jedes Mal, wenn er das Aufschlagrecht erhält, kann der Aufschläger wählen, von welcher Seite er aufschlägt. Nach einem Punktgewinn muß er jeweils von der anderen Seite aufschlagen, und zwar solange, wie er das Aufschlagrecht behält oder bis zum Ende des Satzes. Wenn er jedoch beim Aufschlag einen Aufschlagfehler macht, den der Rückschläger nicht annimmt, oder wenn der Ball mit einem »Let« endet, soll er wieder von der gleichen Seite aufschlagen. Wenn der Aufschlag von der falschen Seite ausgeführt wird, gibt es keine Strafe, und der Aufschlag ist gültig, es sei denn, der Rückschläger macht keinen Versuch, den Ball zurückzuspielen und verlangt die Ausführung des Aufschlages aus dem richtigen Aufschlagviereck.

4.3. Beim Aufschlag muß der Ball, bevor er geschlagen wird, fallengelassen oder in die Luft geworfen werden. Der Ball darf dabei weder eine Wand, den Fußboden, die Decke oder irgendwelche Gegenstände, die an der Wand oder Decke hängen, berühren. Der Ball muß direkt auf die Stirnwand zwischen die Aufschlaglinie und die Auslinie gespielt werden, so daß er nach dem Rückprall in jenem Viertel des Spielfeldes, das an die Rückwand angrenzt und dem vom Aufschläger benutzten Aufschlagviereck gegenüberliegt, zu Boden fällt, sofern er vom Rückschläger nicht schon vor dem Auftreffen auf dem Boden zurückgespielt wird (Volley). Sollte ein Spieler, nachdem er den Ball fallengelassen oder in die Luft geworfen hat, keinen Versuch unternehmen, ihn zu schlagen, darf er ihn ohne Strafe erneut fallenlassen oder in die Luft werfen. Kann ein Spieler nur einen Arm gebrauchen, so darf er den Ball beim Aufschlag mit Hilfe des Schlägers in die Luft werfen.

4.4. Ein Aufschlag ist gültig, wenn weder ein Aufschlagfehler vorliegt, noch das Aufschlagrecht gemäß Regel 4.6 verlorengeht. Nach einem ersten Aufschlagfehler darf der Aufschläger noch einmal aufschlagen. Der Rückschläger kann versuchen, einen fehlerhaften Aufschlag anzunehmen, und wenn er das macht, wird dieser Aufschlag gültig, und der Ball bleibt im Spiel. Ein 2. Aufschlagfehler kann vom Rückschläger nicht gespielt werden. Der Schiedsrichter muß sofort unterbrechen (Aufschlagwechsel).

4.5. Ein Aufschlag ist fehlerhaft

4.5.1. Wenn der Aufschläger in dem Augenblick, wo er den Ball trifft, nicht mit mindestens einem Fuß innerhalb des Aufschlagvierecks den Boden berührt, ohne dabei dessen Begrenzungslinie zu berühren (Fußfehler). Ein Teil des Fußes kann über diese Linie hinausragen, vorausgesetzt er berührt nicht die Linie.

4.5.2. Wenn der Ball auf oder unterhalb der Aufschlaglinie auftrifft.

4.5.3. Wenn der Ball nach dem Aufschlag (wenn er nicht schon vor dem Auftreffen auf den Boden zurückgespielt wurde) den Boden zuerst auf oder vor der Querlinie, auf der Mittellinie oder außerhalb des richtigen Viertels im Sinne von Regel 4.3. berührt.
Jede Kombination von Aufschlagfehlern während eines Aufschlages zählt nur als ein Einzelfehler.
4.6. Der Aufschläger verliert den Ballwechsel und damit das Aufschlagrecht.
4.6.1. Wenn er zwei Aufschlagfehler hintereinander macht.
4.6.2. Wenn der Ball die Wände, Fußboden, Decke oder andere Gegenstände, die an der Wand oder Decke hängen, berührt, bevor er geschlagen wird.
4.6.3. Wenn der Aufschläger einen Versuch macht, aber den Ball nicht trifft.
4.6.4. Wenn der Ball nach Meinung des Schiedsrichters nicht korrekt geschlagen wurde.
4.6.5. Wenn der Ball auf oder unter das Brett oder aus dem Spielfeld geschlagen wird oder einen Teil des Spielfeldes vor der Stirnwand berührt.
4.6.6. Wenn der Ball, bevor er den Boden mehr als einmal berührt hat oder vom Rückschläger gespielt worden ist, den Aufschläger, seine Kleidung oder Ausrüstung berührt.
4.6.7. Wenn der Ball, bevor er geschlagen wird, eine Wand oder den Boden berührt, wenn er bei Ausführung des Schlags verfehlt oder wenn er zweimal getroffen wird.
4.7. Der Aufschläger darf erst dann aufschlagen:
– wenn der Spielstand angesagt ist
– wenn der Rückschläger spielbereit ist.

5. Der Ballwechsel

Nach einem gültigen Aufschlag wird der Ball solange von den beiden Spielern abwechselnd gespielt, bis einer von ihnen einen ungültigen Schlag macht oder der Ball nicht mehr den Regeln entsprechend im Spiel ist oder das Spiel durch Rufe des Punkt- oder Schiedsrichters unterbrochen wird.

6. Der gültige Schlag

Ein Schlag ist gültig, wenn der Ball, bevor er den Boden zweimal berührt hat, korrekt vom Spieler auf die Stirnwand über dem Brett zurückgeschlagen wird, ohne dabei den Boden oder irgendeinen Körperteil oder ein Kleidungsstück des Spielers zu berühren oder den Schläger, Körper oder Kleidungsstücke des Gegners, vorausgesetzt, der Ball ist nicht »aus« geschlagen.

7. Let

Ein »Let« ist die Wiederholung eines Ballwechsels. Der Aufschlag oder Ballwechsel, für welchen ein »Let« gegeben wird, zählt nicht, und der Aufschläger wiederholt den Aufschlag aus demselben Aufschlagviereck. Ein »Let« annulliert nicht einen vorangegangenen Aufschlagfehler.

8. Gewonnene Ballwechsel

Ein Spieler gewinnt einen Ballwechsel
8.1. Nach Regel 4.6.
8.2. Wenn der Gegner einen ungültigen Schlag macht, es sei denn, ein »Let« wird gewährt oder ein Ballwechsel dem Gegner zuerkannt wird.
8.3. Wenn der gespielte Ball seinen Gegner oder seine Kleidung oder Ausrüstung berührt, sofern die Regeln 6, 9, 10 und 13.1.1. nicht etwas anderes sagen.
8.4. Wenn der Schiedsrichter aufgrund einer anderen Regel so entscheidet.

9. Den Gegner mit dem Ball treffen

Wenn ein sonst gültiger Schlag gespielt worden ist, der Ball jedoch vor Erreichen der Stirnwand den Gegner, seine Kleidung oder Ausrüstung trifft, dann
9.1. gewinnt der Spieler den Ballwechsel, wenn der in gültiger Weise zurückgeschlagene Ball die Stirnwand getroffen hätte, ohne vorher eine andere Wand zu berühren. Ausnahme: Der Spieler ist dem Ball vor Ausführung des Schlages mit einer halben Drehung gefolgt oder hat den Ball hinter seinem Körper vorbeigelassen, um ihn in beiden Fällen mit einem Vorhandschlag an der Rückhandseite des Spielfeldes oder umgekehrt zu

schlagen. In diesem Fall muß ein »Let« gewährt werden.

9.2. wird ein »Let« gewährt, wenn dieser Schlag in anderer Weise (Auftreffen auf der Stirnwand nach Berühren einer anderen Wand) gültig gewesen wäre. Wenn aber nach Auffassung des Schiedsrichters ein gewinnender Schlag verhindert wurde, soll der Spieler den Ballwechsel gewinnen.

9.3. verliert der Spieler den Ballwechsel, falls der Schlag nicht gültig gewesen wäre.

10. Weitere Versuche, den Ball zu schlagen

Wenn der Spieler schlägt, den Ball aber nicht trifft, so kann er weitere Versuche machen, ihn zurückzuschlagen. Wenn der Ball, nachdem er verpaßt worden ist, den Gegner oder dessen Kleidung oder Ausrüstung trifft, dann, wenn nach Meinung des Schiedsrichters

10.1. der Spieler den Ball in gültiger Weise hätte zurückschlagen können, wird ein »Let« gewährt.

10.2. er den Ball nicht in gültiger Weise hätte zurückschlagen können, verliert der Spieler den Ballwechsel.

Falls einer dieser Versuche erfolgreich ist und ein sonst gültiger Schlag durch das Berühren des Gegners, seiner Kleidung oder Ausrüstung ein Erreichen der Stirnwand verhindert wird, muß unter allen Umständen ein »Let« gewährt werden.

Falls bei einem dieser Versuche der Ball in nicht gültiger Weise zurückgeschlagen werden konnte, verliert der Spieler den Ballwechsel.

11. Einspruch

Einsprüche gegen Schiedsrichterentscheidungen gemäß Regel 11 sollen mit den Worten »Einspruch« erhoben werden.

In allen Fällen, in denen ein Spieler ein »Let« fordert, muß dies dem Schiedsrichter mit den Worten »Let, bitte« mitgeteilt werden. Dies betrifft alle Einsprüche, für welche eine Entscheidung nach Regel 12 verlangt wird.

Das Spiel soll daraufhin unterbrochen werden, bis der Schiedsrichter seine Entscheidung bekanntgegeben hat. Wenn ein Einspruch gemäß Regel 11 nicht erlaubt ist, bleibt es bei dem Ruf des Punktrichters. Wenn der Schiedsrichter nicht sicher ist, soll er ein »Let« gewähren. Mögliche Einsprüche werden im Weiteren behandelt.

11.1. Einspruch gegen Aufschlag

11.1.1. Einspruch kann gegen jeden Ruf des Punktrichters erhoben werden, außer gegen den Ruf »Fehler« oder »Fußfehler« beim ersten Aufschlag.

11.1.2. Wenn es der Punktrichter beim ersten Aufschlag versäumt hat, »Fehler« oder »Fußfehler« zu rufen, kann der Rückschläger Einspruch erheben, sofern er keinen Versuch macht, den Ball anzunehmen. Wenn der Einspruch gewährt wird, liegt ein Aufschlagfehler vor.

11.1.3. Wenn der Punktrichter »Fehler« oder »Fußfehler« beim zweiten Aufschlag ruft, kann der Aufschläger Einspruch erheben. Wird dem Einspruch stattgegeben, muß ein »Let« gewährt werden, ein Fehler bleibt bestehen.

11.1.4. Wenn der Punktrichter es unterläßt, beim zweiten Aufschlag »Fehler« oder »Fußfehler« zu rufen, kann der Rückschläger Einspruch erheben, und zwar entweder sofort oder am Ende des Ballwechsels.

Wird die Entscheidung widerrufen, geht das Aufschlagrecht an den Rückschläger.

11.1.5. Wenn der Punktrichter beim ersten oder zweiten Aufschlag »aus« oder »tief« ruft, kann der Aufschläger Einspruch erheben. Wird die Entscheidung widerrufen, muß ein »Let« gewährt werden.

11.1.6. Wenn der Punktrichter beim ersten oder zweiten Aufschlag nicht »aus« oder »tief« ruft, kann der Rückschläger Einspruch erheben, und zwar entweder sofort oder am Ende des Ballwechsels, wenn er den Ball gespielt hat.

Wenn dem Einspruch stattgegeben wird, geht das Aufschlagrecht an den Rückschläger.

11.2. Andere mögliche Einsprüche

11.2.1. Ein Einspruch kann gegen jede Punktrichterentscheidung getroffen werden.

11.2.2. Wenn ein Punktrichter »aus« oder »tief« gerufen hat – nach dem Rückschlag des Spielers –, kann der Spieler Einspruch

erheben. Wird die Entscheidung zurückgenommen, muß ein »Let« gewährt werden.
11.2.3. Wenn der Punktrichter nicht »aus« oder »tief« nach dem Rückschlag gerufen hat, kann der Gegner entweder sofort oder am Ende des Ballwechsels, wenn er den Ball gespielt hat, Einspruch erheben. Wird der Einspruch gewährt, geht das Aufschlagrecht an den Gegner.

12. Behinderung

Nach seinem Schlag muß der Spieler alles unternehmen, um seinem Gegner auszuweichen. Im einzelnen gilt:
12.1. Ein Spieler muß jede Anstrengung unternehmen, um seinem Gegner gute Sicht auf den Ball zu geben.
12.1.1. Ein Spieler muß jede Anstrengung unternehmen, um den Gegner bei seiner Bewegung zum Ball nicht zu behindern. Gleichzeitig muß der Gegner jede Anstrengung unternehmen, den Ball zu erreichen und ihn regelgerecht zu spielen.
12.1.2. Die Spieler dürfen während eines Ballwechsels nichts rufen oder sprechen.
12.1.3. Ein Spieler muß jede Anstrengung unternehmen, um seinem Gegner genug Platz zu geben, den Ball zu spielen.
12.1.4. Ein Spieler muß jede Anstrengung unternehmen, um seinem Gegner – sofern das dessen Position erlaubt – die Möglichkeit zu geben, den Ball direkt an die Stirnwand oder an die Seitenwände (ca. 1 Meter der Seitenwände, Richtung Stirnwand) zu spielen.
Wenn ein Spieler eine in der Regel 12.1. (1 bis 4) aufgeführte Forderung nicht erfüllt, liegt eine Behinderung vor.
12.2. Wenn irgendeine derartige Behinderung vorkommt und der Spieler nach Meinung des Schiedsrichters keine Anstrengung unternommen hat, sie zu vermeiden, soll der Schiedsrichter bei Einspruch oder von sich aus (indem er das Spiel unterbricht) den Ballwechsel dem Gegner zusprechen, vorausgesetzt, der Gegner war in der Lage, einen gültigen Rückschlag zu machen.
12.3. Wenn jedoch ein Spieler nach Auffassung des Schiedsrichters jede Anstrengung unternommen hat, um die Behinderung zu vermeiden und der Gegner einen gültigen Rückschlag hätte machen können, soll der Schiedsrichter auf Einspruch hin oder indem er das Spiel von sich aus unterbricht, ein »Let« gewähren, es sei denn, die vom Spieler verursachte Behinderung des Gegners habe diesen daran gehindert, den Ballwechsel für sich zu entscheiden. In diesem Fall spricht der Schiedsrichter den Ball dem Gegner zu.
12.4. Wenn nach Meinung des Schiedsrichters ein Spieler auf einen Schlag verzichtet, welcher nach Regel 9.1. und 9.2. eindeutig ein gültiger Ballwechsel gewesen wäre, wird dem Spieler der Ballwechsel zugesprochen.
12.5. Bei unnötiger Körperberührung vom Spieler oder Gegner kann der Schiedsrichter das Spiel unterbrechen und den Ballwechsel entsprechend zusprechen.

13. Wann wird ein »Let« gewährt?

13.1. Ein Let wird gewährt:
13.1.1. Wenn der Gegner wegen der Position des Aufschlägers es nicht vermeiden kann, vom Ball berührt zu werden, bevor der Ball zurückgeschlagen wird.
13.1.2. Wenn der Ball irgendeinen Gegenstand berührt, der auf dem Spielfeld liegt.
13.1.3. Wenn ein Spieler davon Abstand nimmt, den Ball zu schlagen, weil er berechtigterweise fürchtet, seinen Gegner zu verletzen.
13.1.4. gemäß Regel 12.
13.1.5. Wenn nach Meinung des Schiedsrichters ein Spieler durch einen Vorfall auf oder in der Nähe des Spielfeldes abgelenkt wurde.
13.1.6. Wenn nach Meinung des Schiedsrichters die Platzverhältnisse das Spielergebnis beeinträchtigt haben.
13.2. Ein Let muß gewährt werden:
13.2.1. Wenn der Rückschläger noch nicht spielbereit ist und keinen Versuch macht, den Aufschlag anzunehmen.
13.2.2. Wenn der Ball während des Spieles unspielbar wird.
13.2.3. Wenn der Schiedsrichter gebeten wird, einen Einspruch zu entscheiden und dazu nicht in der Lage ist.

13.2.4. Wenn ein sonst gültiger Schlag ausgeführt worden ist, der Ball aber nach seinem ersten Auftreffen auf dem Boden aus dem Spielfeld springt.
13.2.5. Gemäß Regeln 9, 10, 11 und 17.
Soll ein »Let« gemäß Regel 13.1 (2 bis 6) und 13.2.5 gewährt werden, muß der Aufschläger in der Lage gewesen sein, einen gültigen Schlag zu machen.
13.3. Kein »Let« soll gewährt werden, wenn der Spieler den Versuch gemacht hat, den Ball zu spielen, ausgenommen die Regeln, die ausdrücklich ein »Let« verlangen, d. h.: Regel 9, 10, 11, 13 und 17.
13.4. Wenn von keinem Spieler ein Einspruch erhoben wird, soll kein »Let« gewährt werden, außer, wenn die Regeln dies ausdrücklich verlangen, d. h.: Regel 9, 10, 12, 13 und 17.

14. Neuer Ball

14.1. Wenn ein Ball während des Spiels beschädigt wird, soll er sofort durch einen neuen ersetzt werden.
14.2. Der Ball kann jederzeit, wenn er nicht im Spiel ist – bei gegenseitigem Einverständnis der Spieler oder auf Einspruch eines Spielers hin – nach freiem Ermessen des Schiedsrichters durch einen neuen ersetzt werden.
14.3. Wenn ein Ball beschädigt ist, dies aber nicht während des Spiels festgestellt wurde, soll kein »Let« für den Ballwechsel, bei dem der Ball beschädigt wurde, gewährt werden, wenn entweder der Rückschläger versucht hat, den nächsten Aufschlag anzunehmen oder der Aufschläger den Ballwechsel verloren hat.
14.4. Wenn ein Spieler um einen neuen Ball bittet, muß er dies tun, bevor der Rückschläger den nächsten Schlag ausführt, oder, wenn es der letzte Ballwechsel eines Satzes ist, sofort nach dem Ballwechsel.
14.5. Wenn ein Spieler während eines Ballwechsels aufhört zu spielen, um anzuzeigen, daß der Ball beschädigt ist, und es sich herausstellt, daß dies nicht der Fall ist, verliert der Spieler den Ballwechsel.

15. Einspielen

15.1. Der Schiedsrichter gibt den Spielern die Möglichkeit, sich unmittelbar vor Spielbeginn auf dem Spielfeld, auf dem das Spiel durchgeführt wird, zusammen 5 Minuten einzuspielen.
Nach $2^1/_2$ Minuten soll der Schiedsrichter durch Zuruf »Halbzeit« bekanntgeben, daß die Hälfte der Einspielzeit vorbei ist und soll aufpassen, daß sie die Seiten wechseln, es sei denn, sie haben sich anders geeinigt. Der Schiedsrichter soll auch das Ende der Einspielzeit durch den Ruf »Zeit« bekanntgeben.
Möchten sich die Spieler einzeln einspielen, gibt der Schiedsrichter dem 1. Spieler $3^1/_2$ Minuten und seinem Gegner $2^1/_2$ Minuten Zeit. Spielen sich die Spieler einzeln ein, so wird die Reihenfolge durch Los (schnelles Schlägerdrehen) ermittelt.
15.2. Kommt ein neuer Ball nach Regel 14 ins Spiel oder wenn das Spiel mit großer Zeitverzögerung wieder aufgenommen wird, läßt der Schiedsrichter den Ball einspielen. Das Spiel wird dann auf Anordnung des Schiedsrichters hin oder schon zuvor im gegenseitigen Einvernehmen der Spieler wieder aufgenommen.
Der Schiedsrichter muß darauf achten, daß sich beide Spieler (Regel 15.1. und 15.2.) einspielen. Unfaires Einspielen soll nach Regel 17 bestraft werden.
15.3. Zwischen den Sätzen bleibt der Ball auf dem Spielfeld im Sichtbereich liegen. Er kann in dieser Zeit nur im gegenseitigen Einvernehmen der Spieler in Bewegung gehalten werden.

16. Ein Spiel soll ohne Unterbrechung gespielt werden

Nach dem ersten Aufschlag soll das Spiel möglichst ohne Unterbrechung zu Ende gespielt werden. Ausnahmen:
16.1. Wegen schlechter Beleuchtung oder anderer Gründe, auf die die Spieler keinen Einfluß haben, kann das Spiel jederzeit für eine vom Schiedsrichter festgelegte Zeit unterbrochen werden.
Wenn ein anderer bespielbarer Platz zur Verfügung steht – sollte der ursprüngliche Platz

unbespielbar bleiben – kann das Spiel dorthin verlegt werden, wenn beide Spieler damit einverstanden sind oder bei Schiedsrichterentscheidung.
Sollte das Spiel um einen Tag verschoben werden, bleibt der Punktestand bestehen, es sei denn, beide Spieler sind nicht damit einverstanden. In diesem Fall muß das Spiel neu begonnen werden.

16.2. Zwischen den einzelnen Sätzen wird eine Pause von je 1 Minute, zwischen dem 4. und 5. Satz – bei einem 5-Satz-Spiel – eine Pause von 2 Minuten gestattet. Während dieser Pausen dürfen die Spieler das Spielfeld verlassen. Am Ende jeder Pause müssen sie bereit sein, das Spiel wieder aufzunehmen. 15 Sekunden vor Ende der Pause muß der Schiedsrichter »15 Sekunden« zur Information der Spieler rufen. Am Ende einer Pause zwischen Sätzen muß der Schiedsrichter »Zeit« rufen. Ein Spieler darf sich nur so weit vom Spielfeld entfernen, wie er die Rufe »15 Sekunden« oder »Zeit« hören kann.

16.3. Wenn ein Spieler dem Schiedsrichter anzeigt, daß er Ausrüstung, Kleidung oder Schuhe wechseln muß, kann der Schiedsrichter dem Spieler dafür Zeit einräumen.

16.4. Im Falle einer Verletzung kann der Schiedsrichter entscheiden:

16.4.1. Ob er sich die Verletzung selbst zugefügt hat,
16.4.2. ob sie unabsichtlich vom Gegner zugefügt wurde,
16.4.3. ob sie durch den Gegner absichtlich oder durch gefährliches Spiel zugefügt wurde.
Gemäß Regel 16.4.1. soll der Schiedsrichter den Spieler auffordern, weiterzuspielen, oder den Satz zusprechen, die Minute Pause akzeptieren und dann weiterspielen lassen, oder das Spiel zusprechen.
Gemäß obiger Regel 16.4.2. soll der Schiedsrichter dem verletzten Spieler angemessene Zeit zur Wiederherstellung geben.
Gemäß obiger Regel 16.4.3. soll der Schiedsrichter dem verletzten Spieler das Spiel zusprechen.

16.5. Der Schiedsrichter soll dem Gegner einen Aufschlag, Satz oder Spiel zusprechen, wenn ein Spieler seiner Meinung nach das Spiel trotzt Ermahnung unnötig verzögert, wie z. B.:
16.5.1. unnötig langsam zum Aufschlag geht oder sich unnötig langsam zur Annahme des Aufschlags bereitstellt,
16.5.2. Diskussionen mit dem Schiedsrichter führt,
16.5.3. zu spät auf das Spielfeld zurückkommt, das aufgrund der in Regel 16.2. und 16.3. aufgeführten Fälle verlassen worden war.

17. Verhalten auf dem Spielfeld

Wenn der Schiedsrichter feststellt, daß das Betragen eines Spielers auf dem Spielfeld den Gegner, die Offiziellen oder Zuschauer einschüchtert oder beleidigt oder das Spiel auf irgendeine andere Art in schlechten Ruf bringt, sollen folgende Strafen angewandt werden:
Wenn ein Spieler Anlaß zu irgendeinem Ärgernis gibt, wie in Regel 12.5., 15.2. und 15.3., 16.2., 16.3. oder in den ISRF-Verhaltensregeln (Regel 21) aufgeführt, können folgende Strafmaßnahmen angewandt werden:

1. Verwarnung durch den Schiedsrichter
2. Aufschlagabgabe an den Gegner
3. Satzabgabe an den Gegner
oder
4. Spielabgabe an den Gegner

18. Aufsicht über das Spiel

Ein Spiel wird normalerweise von einem Schiedsrichter beaufsichtigt, dem ein Punktrichter zur Seite steht. Es kann jedoch auch eine Person beide Funktionen ausüben. Hat der Schiedsrichter eine Entscheidung getroffen, soll er sie den Spielern bekanntgeben und der Punktrichter soll sie mit dem Punktstand wiederholen.

19. Aufgaben des Punktrichters

19.1. Der Punktrichter ruft auf Anweisung des Schiedsrichters nach 2½ Minuten der

Einspielzeit »Halbzeit« und nach 5 Minuten »Zeit« (siehe Regel 15).

19.2. Der Punktrichter nennt Anlaß des Spieles und stellt die Spieler dem Publikum vor. Es ist sehr wichtig, daß man von Anfang an die korrekten Rufe laut und deutlich gebraucht, so daß die Spieler jederzeit den genauen Spielstand kennen. Die folgende Aussage enthält alle nötigen Informationen in kürzester Form:

Name des Anlasses
Aufschläger Meier, Rückschläger Müller
3 Gewinnsätze
0-0

Die Bekanntgabe des Punktestandes (mit Ergänzungen) ist immer das Zeichen für den Beginn der Ballwechsel.

19.3. Der Punktrichter sagt den Punktestand an. »1-0« usw. Bei einem Aufschlagwechsel heißt es: »Aufschlagwechsel, 0-2« usw.

19.4. Der Punktrichter ruft alle Aufschlagfehler, inbegriffen Fußfehler. Es ist wichtig, daß der Punktrichter frühzeitig ruft, damit der Rückschläger genügend Zeit hat zu entscheiden, ob er den Aufschlag annimmt oder nicht. Ein später Ruf kann für beide Spieler sehr störend sein.

Wenn ein fehlerhafter Aufschlag nicht angenommen wird, so wird der Punktestand immer mit der Ergänzung »ein Fehler« wiederholt, z. B. »6-7, ein Fehler«.

Die Ergänzung »ein Fehler« kommt immer nach dem Punktestand.

Ein Let gleicht einen nicht angenommenen fehlerhaften Aufschlag nicht aus (siehe Regel 7).

Der Aufschläger verliert sein Aufschlagrecht, wenn er einen Doppelfehler begeht (siehe Regel 4.4.).

19.5. Der Punktrichter macht während des Spiels die folgenden Rufe:

»Tief«
– Wenn der Ball das Blech trifft.

»Doppelt«
– Wenn der Ball zweimal am Boden aufschlägt.

»Doppelfehler«
– Wenn der Ball beim Aufschlag zuerst die Seitenwand trifft.

»Aus«
– Wenn der Ball auf oder oberhalb der Auslinie auftrifft.

»Zeit oder Stop«
– Ruf für eine Spielunterbrechung.

Wenn ein Ball offensichtlich »Aus« oder »Doppelt« ist, ist kein Ruf erforderlich, außer Punktstand oder »Aufschlagwechsel«. Rufe sind nur bei Unklarheit nötig.

19.6. Der Punktrichter wiederholt die Entscheidung des Schiedsrichters, wenn Einspruch erhoben worden ist:

»Let-Ball«
»Kein Let«
»Ball an . . .«

Die Entscheidung kommt immer zuerst, gefolgt vom Punktestand oder »Aufschlagwechsel«, z. B.:

»Let-Ball, 7-6«
»Let-Ball, 7-6, ein Fehler«
»Ball an X, Aufschlagwechsel, 6-7«
»Kein Let, 8-6, Satzball«

19.7. Wenn der Aufschläger mit dem Gewinn des nächsten Punktes den Satz gewinnen könnte, so ruft der Punktrichter »Satzball«. Dies kommt immer zuletzt, z. B.:

»Let-Ball, 8-6, Satzball«
»Let-Ball, 8-6, ein Fehler, Satzball«

19.8. Wenn der Aufschläger mit dem Gewinn des nächsten Punktes das Spiel gewinnen könnte, so ruft der Punktrichter »Spielball«. Auch dies kommt immer zuletzt.

19.9. Bei »8-8« muß der Punktrichter den Rückschläger fragen, ob er den Satz auf 10 Punkte verlängern will. Das Spiel darf nicht fortgesetzt werden, bis sich der Rückschläger entschieden hat. Wenn dieser verlängern will, lautet der Ruf:

»8-8, verlängert bis 10«

wenn er nicht verlängern will, heißt es:

»8-8, keine Verlängerung, Satz-(Spiel-) Ball«

»verlängert bis 10« und »keine Verlängerung« werden nur einmal gerufen.

19.10. Zwischen den Sätzen ruft der Punktrichter, aufgefordert durch den Schiedsrichter: »10 Sekunden« und »Zeit«, wenn die Pause vorbei ist. Dann soll eine Aussage über den Stand in Sätzen folgen:

»Meier führt in Sätzen 1-0, 0-0« oder
»5. Satz, Aufschläger Meier, 0-0«

Pausenzeiten: 1 Minute, zwischen dem 4. und 5. Satz 2 Minuten.

Wichtige Hinweise

19.11. »Verlängert bis 10« und »keine Verlängerung« werden nur einmal ausgerufen. »Satz-Ball« und »Spiel-Ball« müssen jedesmal gerufen werden.

19.12. Beispiele von besonders komplizierten Ansagen:
»Let-Ball, 9-8, ein Fehler, Spiel-Ball«
»Ball an X, Aufschlagwechsel, 8-7, Satz-Ball«

19.13. Wenn es sowohl Punktrichter und Schiedsrichter gibt, trifft der Punktrichter bei Einsprüchen keine Entscheidung.

19.14. Ein Ballwechsel kann nicht beginnen, bevor der Punktestand angesagt worden ist. Der Punktrichter sollte aufschreiben, bevor er ansagt. Die Spieler sollten aber nicht warten müssen, bis er den Punktestand notiert angesagt hat. Wenn der Punktrichter ansagt und dann aufschreibt, kann er den Anfang des nächsten Ballwechsels verpassen.

19.15. Sollte dem Punktrichter ein Irrtum unterlaufen, ruft er »Stop« oder »Zeit« und gibt die Korrektur an.

19.16. Der Punktrichter ruft so wenig wie möglich – nur wenn nötig. Er ist für die Spieler da – nicht umgekehrt.

20. Aufgaben des Schiedsrichters

Das Schiedsrichtern verlangt:
1. Gute Kenntnisse der Regeln
2. Objektivität
3. Gutes Seh- und Hörvermögen
4. Rasche und sichere Entscheidungen

20.1. Der Schiedsrichter entscheidet über alle Einsprüche.
Mögliche Einsprüche:
a) Gegen einen Ruf des Punktrichters,
b) falls der Punktrichter nichts ruft,
c) gegen den anderen Spieler (wegen Behinderung).

20.2. Der Schiedsrichter richtet sich mit seinen Entscheidungen direkt an die Spieler; die Entscheidung muß vom Punktrichter wiederholt werden.

20.3. Die Hauptaufgabe des Schiedsrichters in jedem Spiel besteht darin, ein faires Resultat für jeden Ballwechsel zu erreichen. Man vermeide nach Möglichkeit das autoritäre Durchsetzen bei der Beurteilung von Einsprüchen. Der Schiedsrichter ist für die Spieler da. Man vermittle seine Entscheidungen selbstsicher und mit klarer Stimme.

20.4. Man sei sicher bei seinen Entscheidungen – man sage nie »ich glaube der Ball war aus, Aufschlagwechsel«. Solche Aussagen verunsichern die Spieler. Korrekt: »Der Ball war aus, Aufschlagwechsel«.

20.5. In den ersten Phasen eines Spiels werden beide Spieler, entweder bewußt oder unbewußt, die Interpretation der Spielregeln durch den Schiedsrichter abschätzen.
Auf keinen Fall sollte der Schiedsrichter ein »Let« gewähren, wenn die Situation es das Zusprechen eines Ballwechsels verlangt, weil das Spiel eben erst begonnen hat.
Der Schiedsrichter soll aber auch nicht zögern, einen Spielball zuzusprechen, wenn es die Situation erfordert.

20.6. Gelegentlich trifft man auf schwierige, sehr temperamentvolle Spieler, die versuchen, den Schiedsrichter aus der Ruhe zu bringen.
Man sollte sich in seinen Entscheidungen davon nicht beeinflussen lassen.

20.7. Wenn der Schiedsrichter sicher ist, daß ein Ball »tief«, »doppelt« oder »aus« war und der Punktrichter nicht reagiert hat, muß man als Schiedsrichter den Ballwechsel unterbrechen und ihn entsprechend zusprechen.

20.8. Im Falle einer Beurteilung von Einsprüchen wegen Behinderung, die der Schiedsrichter nicht gesehen hat, sind die Spieler zu befragen, bevor der Schiedsrichter seine Entscheidung trifft.

20.9. Man sollte unnachgiebig sein, wenn Zuschauer versuchen, die Spieler während des Satzes zu beraten. Coaching ist nur während der Pausen zwischen den Sätzen erlaubt.
Bei regelwidrigem Coachen seitens Dritter können die Personen vom Schiedsrichter weggewiesen werden.

20.10. Der Schiedsrichter befindet sich manchmal auf der Galerie, umgeben von

Anhängern eines Spielers. Dies kann verunsichern, darf aber seine Entscheidungen nicht beeinflussen.

20.11. Es ist sehr wichtig für den Schiedsrichter, den Punktestand mit zu notieren. Er kann den Punktrichter nicht kontrollieren, wenn er den Punktestand nicht selbst aufgeschrieben hat.

20.12. Wenn ein Spieler in die falsche Richtung gelaufen ist und dadurch eine Behinderung stattfindet, kann ihm trotzdem ein »Let« gewährt werden, wenn er eindeutig zeigt, daß er den Ball erreicht hätte. Die Tatsache, daß er falsch gelaufen ist, schließt nicht das Gewähren eines »Lets« aus.

20.13. Das Zusprechen eines Ballwechsels sollte für jede Form von absichtlicher Behinderung erfolgen, ebenso in bestimmten Fällen von zufälliger Behinderung. Für das Zusprechen eines Ballwechsels, muß der behinderte Spieler beim Versuch, einen den Ballwechsel entscheidenden Schlag auszuführen, gestört worden sein. Die vier hauptsächlichen Situationen sind:

a) Wenn ein Spieler den Ball im vorderen Teil des Feldes gerade noch erreicht, aber seinen eigenen Ball nicht freigibt und so seinen Gegner von einem gewinnbringenden Schlag abhält.

b) Wenn ein Spieler im hinteren Teil des Feldes einen schlechten Ball auf sich selbst zurückgespielt hat und seinem Gegner nicht genügend Raum für die Ausführung eines gewinnbringenden Schlages bleibt.

c) Wenn ein Spieler nahe der Seitenwand den Ball unpräzise geschlagen hat, so daß er auf einer Linie zwischen ihm und der Mitte des Feldes zurückprallt, und er beim Versuch zum »T« zu gelangen, durch die Ballinie springt, so dem Gegner die Sicht nimmt und ihn an der Ausführung seines Schlages behindert.

d) Wenn es ein Spieler unterläßt, seinen Schlag auszuführen, aus Angst den Gegner mit dem Ball zu treffen, da dieser in direkter Linie zwischen ihm und der Vorderwand stand.

20.14. Let-Schema:
Siehe Zeichung auf Seite 92

Let / Ball an . . .

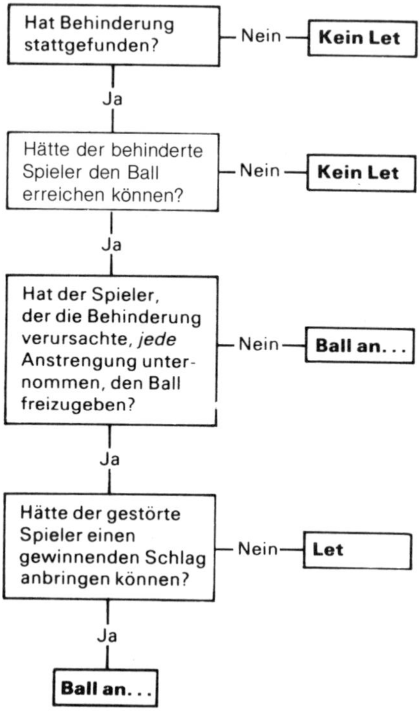

21. Verhaltensregeln

Die folgenden Vergehen unterliegen den in Regel 17 aufgeführten Strafen und/oder Disziplinarmaßnahmen:

21.1.1. Ein Spieler, der seinen Gegner, Punktrichter, Schiedsrichter, Offizielle, Zuschauer oder die Sponsoren beleidigt bzw. tätlich wird.

21.1.2. Ein Spieler, der durch Schimpfen oder Fluchen und unanständige oder beleidigende Gesten dem Punktrichter, Schiedsrichter oder den Offiziellen zeigt, daß er anderer Meinung ist.

21.1.3. Ein Spieler, der die Spielanlage oder das Spielfeld nicht sorgsam behandelt.

21.1.4. Ein Spieler, der sich nicht an die Turnierbedingungen sowie die Regeln für Kleidung und Werbung hält.

21.1.5. Ein Spieler, der sich zu einem Turnier angemeldet oder eine Einladung zu einem

Spiel angenommen hat, von der Veranstaltung zurücktritt oder einfach nicht erscheint.

21.1.6. Ein Spieler, der ein Spiel nicht beendet.

21.1.7. Wenn ein Spieler zu einem Turnier oder einer Veranstaltung nicht erscheint, kann der Sportausschuß schriftliche Beweise oder mündliche Erklärungen (auf Treue und Glauben) verlangen, wenn Verletzung, Krankheit oder andere dringende Gründe vorgelegen haben.

21.1.8. Ein Spieler, der sich angemessenen Bitten der Medien nach Interviews nicht zur Verfügung stellt.

21.1.9. Ein Spieler, der sich nicht an die Spielregeln oder den Geist des Turniers hält.

21.1.10. Ein Spieler, der durch unmögliches Betragen das Spiel in einen schlechten Ruf bringt.

21.2. Sportausschuß

Ein Spieler, der irgend einen der oben aufgeführten Verstöße begeht, kann disziplinarischen Maßnahmen durch den Sportausschuß/DSRV unterliegen.

21.2.1. Zweck des Sportausschusses

21.2.1.1. Den guten Namen des DSRV und des Squash-Sports zu wahren.

21.2.1.2. Alle Probleme zu lösen, die im Zusammenhang mit dem Verhalten der Spieler zueinander, zu Offiziellen, Sponsoren und dem Publikum stehen.

21.2.2. Recht des Sportausschusses

21.2.2.1. Verwarnungen auszusprechen oder Geldstrafen aufzuerlegen.

21.2.2.2. Preisgeld von einem Spieler zurückzuhalten für eine eventuelle Disziplinarmaßnahme.

21.2.2.3. Den Offiziellen des Verbandes vorzuschlagen, einen Spieler zu sperren.

21.2.2.4. Den Offiziellen des Verbandes eine geeignete Maßnahme vorzuschlagen, die notwendig ist, um die Ziele des Sportausschusses zu stützen.

21.2.2.5. Einen ausführlichen Bericht an den DSRV/LV des betreffenden Spielers zu schicken.

21.3. Verfahrensweise

21.3.1. Aufgrund eines Berichtes an den Sportausschuß DSRV über einen Vorfall soll eine Sitzung einberufen werden, an der der Vorsitzende des Sportausschusses DSRV, ein Offizieller des Verbandes, der Spieler und ein Vertreter des Spielers, falls vom Spieler gewünscht, teilnehmen.

21.3.2. Einem Spieler soll mitgeteilt werden, was gegen ihn vorliegt und er soll aufgefordert werden, seine Ansichten dem Ausschuß darzulegen.

21.3.3. Ein Spieler kann gegen die ausgesprochene Disziplinarmaßnahme schriftlich beim Verband Einspruch erheben.

21.3.4. Ein Einspruch wird vor einem Beschwerdeausschuß DSRV, der von den Offiziellen des Verbandes ernannt wurde, verhandelt.

22. Definitionen

Der Platz: Siehe Zeichnungen auf Seite 94
Platzeinsicht durch Glasrückwand
Die Dicke des Brettes (flach oder abgerundet am oberen Ende) beträgt 12,5 mm bis 25 mm.
Die Innenabmessungen der Aufschlagvierecke müssen 1,601 m betragen. Alle Abmessungen auf dem Platz sollen möglichst von der Stelle aus vorgenommen werden, wo sich Fußboden und Stirnwand berühren. Alle Auslinien sollen 50 mm breit und alle anderen Markierungslinien sollen nicht breiter als 50 mm sein. Die Linien müssen rot sein. Die Auslinien sollen möglichst konkav sein.

Oberschiedsrichter

Er ist verantwortlich für das Verhalten der Spieler und Offiziellen während eines Turniers.

Einspruch

Die Bitte eines Spielers an den Schiedsrichter Spielentscheidungen zu treffen. Das Wort »Einspruch« wird im allgemeinen bei folgenden Situationen benutzt:

- Wenn der Spieler den Schiedsrichter bittet, die Entscheidung des Punktrichters abzuändern.
- Wenn ein Spieler den Schiedsrichter um ein »Let« bittet. Die richtige Form des Einspruches eines Spielers lautet »Let, bitte«, bzw. »Einspruch, bitte«.

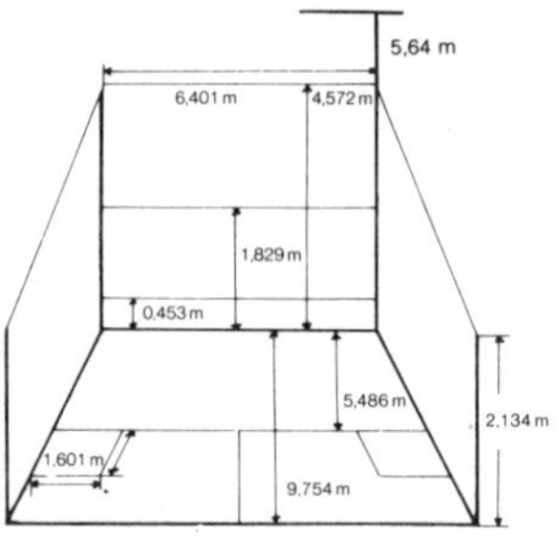

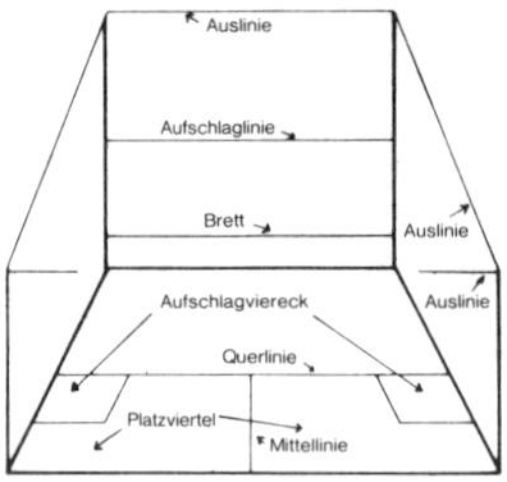

Brett
Dieses Brett, das an der unteren Kante mit Blech versehen ist, kennzeichnet die tiefere horizontale Linie, die sich auf der Stirnwand befindet und über die ganze Platzbreite reicht.

Aufschlagviereck
Eine abgegrenzte Zone in den beiden Vierteln des Spielfeldes, aus der heraus der Aufschlag erfolgt.

Wettkampf
Meisterschaft, Turnier, Punktspiel oder ein anderes Wettkampfspiel.

Korrekt, richtig
Der Ball, der mit dem Schläger, der in der Hand gehalten wird, nur einmal nach kurzem Auftreffen auf den Schläger zurückgeschlagen wird.

Aufschlaglinie
Eine Linie, deren Oberkante auf einer Höhe von 1,83 m (6 ft.) über dem Fußboden auf der Stirnwand über die ganze Platzbreite reicht.

Tief
Dieser Ausdruck wird benutzt, wenn ein Ball bei einem sonst gültigen Rückschlag das Brett getroffen oder die Stirnwand nicht erreicht hat. (Der Punktrichter ruft »tief«.)

Satz
Teil eines Spiels, beginnend mit dem Aufschlag des Aufschlägers und endend, wenn ein Spieler 9 oder 10 Punkte, je nach Regel, erreicht hat.

Satzball
Der Spielstand, bei dem der Aufschläger nur noch einen Punkt benötigt, um den Satz zu gewinnen (wird vom Punktrichter ausgerufen).

Mittellinie
Eine auf dem Fußboden parallel zu den Seitenwänden verlaufende Linie, die den hinteren Teil des Platzes in zwei gleiche Felder teilt und mit der Querlinie ein »T« bildet.

Halbzeit
Die Mitte der Einspielzeit (ein Schiedsrichterausruf).

Zeit
Aufforderung, das Spiel aufzunehmen. Der Ausruf »Zeit« dient auch zur Unterbrechung des Spiels.

Aufschlagwechsel
Dieser Ausdruck wird vom Punktrichter gebraucht, um anzuzeigen, daß der Aufschläger das Aufschlagrecht verloren hat.

Spiel
Ein vollständiger Wettkampf zwischen zwei Spielern, beginnend mit dem Einspielen und endend, wenn die Spieler nach dem Endspiel das Spielfeld verlassen haben.

Spielball
Der Spielstand, bei dem der Aufschläger nur noch einen Punkt benötigt, um das Spiel zu gewinnen. (Spielball ist auch eine Punktrichteransage.)

Fehler
Dieser Ausruf wird bei einem fehlerhaften Aufschlag gebraucht.

Doppelfehler
Dieser Ausdruck wird bei zwei aufeinanderfolgenden fehlerhaften Aufschlägen gebraucht.

»Aus«
Dieser Ausdruck wird gebraucht, um anzuzeigen, daß ein Ball die Auslinie oder die Wand oberhalb dieser Linie oder die Decke getroffen hat, oder Querbalken oder andere Teile der Dachkonstruktion übersprungen hat. »Aus« ist auch eine Punktrichteransage.

Auslinie
Linie, die die obere Grenze des Spielfeldes markiert und auf der Stirnwand, den Seitenwänden und der Rückwand angebracht ist.
Anmerkung:
Wenn ein Platz diese Linie nicht hat, bzw. nur Teile markiert sind (Glasrückwand) und ein Ball auf der oberen Fläche einer solchen Wand auftrifft und auf das Spielfeld zurückfällt, ist er aus.
Weil es schwierig ist, genau festzustellen, wo der Ball auf die Wand geprallt ist, soll die Flugbahn des Balles zurück zum Spielfeld verfolgt werden, damit entschieden werden kann, ob ein Ball aus ist oder nicht. Ein ungewöhnlicher Abprall zeigt, daß der Ball aus ist. Diese Entscheidung soll der Punktrichter treffen, vorbehaltlich Einspruch an den Schiedsrichter.

Punkt
Eine Einheit des Punktzählsystems. Ein Punkt wird dem Spielstand eines Spielers hinzugezählt, wenn er als Aufschläger einen Ballwechsel für sich entschieden hat.

Viertel (Spielfeld)
Eine Hälfte des rückwärtigen Teils des Spielfeldes, das in 2 gleiche Teile durch die Mittellinie geteilt wird.

Ballwechsel
Serie von Rückschlägen eines Balles, diese umfassen 1 oder mehrere Returns. Ein Ballwechsel beginnt mit einem Aufschlag und endet, wenn der Ball nicht mehr im Spiel ist.

Mäßige Schwingbewegungen mit dem Schläger
Das Ausholen des Schlägers zum Rückschlag. Eine übermäßige Schwingbewegung ist, wenn der Spieler mit ausgestrecktem Arm und/oder gerade gehaltenem Schläger weit vom Körper ausholt. Die Entscheidung des Schiedsrichters, ob eine Schwingbewegung mäßig oder unmäßig war, ist endgültig.

Mäßiges Durchziehen (Schlagen)
Die weitere Bewegung des Spielarms, wenn ein Ball auf den Schläger getroffen ist. Mäßig oder unmäßig wie bei »Schwingbewegung«. Die Schiedsrichterentscheidung ist auch endgültig.

Schiedsrichter
Der Schiedsrichter kümmert sich während eines Turniers um alle Punkt- und Schiedsrichterangelegenheiten, einschließlich Einsetzung von Offiziellen bei Spielen.

Aufschlag
Schlag, wenn ein Ball durch den Aufschläger ins Spiel gebracht wird, um einen Ballwechsel zu beginnen.

Querlinie
Eine auf dem Boden angebrachte, parallel in 5,49 m (18 ft.) Entfernung von der Stirnwand verlaufende Linie, die über die ganze Platzbreite geht.

Norm
Von der I.S.R.F. vorgeschriebene Abmessungen, Ausführungen von Bällen, Schlägern und Spielfeldern, Deutsche Industrie-Norm (DIN).

Stop
Ausspruch eines Schiedsrichters, um das Spiel zu unterbrechen.

Aufschläger
Der aufschlagende Spieler.

Register

Nützliche Ratgeber

Stand: Sommer 1988

Essen und Trinken

FALKEN EXKLUSIV
Kochen in höchster Vollendung
Aus vier Elementen ist alles zusammengefügt (Theophrast). (4291) Von M. Wissing, M. Kirsch, 160 S., 230 Farbfotos, Leinen geprägt mit Schutzumschlag, im Schuber, **DM 98,–**, S 784.–

Was koche ich heute?
Neue Rezepte für Fix-Gerichte. (0608) Von A. Badelt-Vogt, 112 S., 16 Farbtafeln, kart. ●

Kochen für 1 Person
Rationell wirtschaften, abwechslungsreich und schmackhaft zubereiten. (0586) Von M. Nicolin, 136 S., 8 Farbtafeln, 23 Zeichnungen, kart. ●

Schnell und individuell
Die raffinierte Single-Küche
(4266) Von F. Faist, 160 S., 151 Farbfotos, Pappband. ●●●

Gesunde Kost aus dem Römertopf
(0442) Von J. Kramer, 128 S., 8 Farbtafeln, 13 Zeichnungen, kart. ●

FALKEN-FEINSCHMECKER
Pasta in Höchstform **Nudeln**
(0884) Von M. Kirsch, 64 S., 62 Farbfotos, Pappband. ●

Nudelgerichte
– lecker, locker, leicht zu kochen. (0466) Von C. Stephan, 80 S., 8 Farbtafeln, kart. ●

FALKEN-FEINSCHMECKER
In Hülle und Fülle
Pasteten und Terrinen
(0883) Von M. Kirsch, 48 S., 62 Farbfotos, Pappband. ●

FALKEN-FEINSCHMECKER
Spezialitäten unter knuspriger Decke
Aufläufe
(0882) Von C. Adam, 48 S., 33 Farbfotos, Pappband. ●

Eintöpfe und Aufläufe
Das Beste aus den Kochtöpfen der Welt (5079) Von A. und G. Eckert, 64 S., 50 Farbfotos, Pappband. ●●

FALKEN-FEINSCHMECKER
Herzhaftes für Leib und Seele
Eintöpfe
(0820) Von P. Klein, 48 S., 30 Farbfotos, Pappband. ●

Schnell und gut gekocht
Die tollsten Rezepte für den Schnellkochtopf. (0265) Von J. Ley, 96 S., 8 Farbtafeln, kart. ●

Kochen und backen im Heißluftherd
Vorteile, Gebrauchsanleitung, Rezepte. (0516) Von K. Kölner, 72 S., 8 Farbtafeln, kart. ●

Zaubern mit der schnellen Welle
Die neue Mikrowellenküche
(4289) Von F. Faist, 208 S., 188 Farbfotos, Pappband. ●●●

Das neue Mikrowellen-Kochbuch
(0434) Von H. Neu, 64 S., 4 Farbtafeln, 16 s/w Zeichnungen, kart. ●

Ganz und gar mit Mikrowellen
(4094) Von T. Peters, 208 S., 24 Farbfotos, 12 Zeichnungen, kart. ●●●

FALKEN-FEINSCHMECKER
Schnell auf den Tisch gezaubert
Kochen mit Mikrowellen
(0818) Von A. Danner, 64 S., 52 Farbfotos, Pappband. ●

Marmeladen, Gelees und Konfitüren
Köstlich wie zu Omas Zeiten – einfach selbstgemacht. (0720) Von M. Gutta, 32 S., 23 Farbfotos, 1 Zeichnung, Pappband. ●

Einkochen
nach allen Regeln der Kunst. (0405) Von B. Müller, 128 S., 8 Farbtafeln, kart. ●

Einkochen, Einlegen, Einfrieren
(4055) Von B. Müller, 152 S., 27 s/w.-Abb., kart. ●●

Haltbarmachen in der Öko-Küche
Gesunde Konservierungsmethoden für Obst, Gemüse, Kräuter und Pilze. (0932) Von M. Bustorf-Hirsch, 120 S., 56 Farbfotos, 36 Farbzeichnungen. kart. ●●

FALKEN-FEINSCHMECKER
Goldbraun und knusprig
Fritierte Leckerbissen
(0868) Von F. Faist, 64 S., 47 Farbfotos, Pappband. ●

Das neue Fritieren
geruchlos, schmackhaft und gesund. (0365) Von P. Kühne, 96 S., 8 Farbtafeln, kart. ●

FALKEN-FEINSCHMECKER
Die Krönung der feinen Küche
Saucen
(0817) Von G. Cavestri, 48 S., 40 Farbfotos, Pappband. ●

FALKEN-FEINSCHMECKER
Edler Kern in harter Schale
Meeresfrüchte
(0886) Von L. Grieser, 48 S., 52 Farbfotos, Pappband. ●

FALKEN-FEINSCHMECKER
Von Tatar und falschen Hasen
Hackfleisch
(0866) Von A. und G. Eckert, 64 S., 42 Farbfotos, Pappband. ●

Mehr Freude und Erfolg beim **Grillen**
(4141) Von A. Berliner, 160 S., 147 Farbfotos, 10 farbige Zeichnungen, Pappband. ●●●

Grillen für Geniesser
Fleisch · Fisch · Beilagen · Soßen. (5001) Von E. Fuhrmann, 64 S., 38 Farbfotos, Pappband. ●●

FALKEN-FEINSCHMECKER
Köstliches von Rost und Spieß
Grillen
(0931) Von A. Kalcher-Dähn, H. K. Kalcher, 64 S., 43 Farbfotos, Pappband. ●

Chinesisch kochen
mit dem Wok-Topf und dem Mongolen-Topf. (0557) Von C. Korn, 64 S., 8 Farbtafeln, kart. ●

FALKEN-FEINSCHMECKER
Verheißungsvoll fernöstlich
Spezialitäten aus dem Wok
(0933) Von H. K. Jen, 64 S., 56 Farbfotos, Pappband. ●

Schlemmerreise durch die
Chinesische Küche
(4184) Von K. H. Jen, 160 S., 117 Farbfotos, Pappband. ●●●

Nordische Küche
Speisen und Getränke von der Küste. (5082) Von J. Kürtz, 64 S., 44 Farbfotos, Pappband. ●●

Essen in Hessen
Spezialitäten zwischen Schwalm und Odenwald. (0837) Von R. Witt, 120 S., 10 s/w-Zeichnungen, Pappband. ●●

Schlemmerreise durch die
Französische Küche
(4296) Von H. Imhof, 160 S., 147 Farbfotos, 3 s/w-Fotos, Pappband. ●●●

Französisch kochen
Eine kulinarische Reise durch Frankreich. (5016) Von M. Gutta, 64 S., 35 Farbfotos, Pappband. ●●

Französische Küche
(0685) Von M. Gutta, 96 S., 16 Farbtafeln, kart. ●

Französische Spezialitäten aus dem Backofen
Herzhafte Tartes und Quiches mit Fleisch, Fisch, Gemüse und Käse (5146) Von P. Klein, 64 S., 43 Farbfotos, Pappband. ●●

FALKEN-FEINSCHMECKER
Aus lauter Lust und Liebe
Knoblauch
(0867) Von L. Reinirkens, 64 S., 45 Farbfotos, Pappband. ●

Kochen und würzen mit **Knoblauch**
(0725) Von A. und G. Eckert, 96 S., 8 Farbtafeln, kart. ●

Schlemmerreise durch die
Italienische Küche
(4172) Von V. Pifferi. 160 S., 109 Farbfotos, Pappband. ●●●

Pizza, Pasta und die feine italienische Küche
(4270) Von R. Rudatis, 120 S., 255 Farbfotos, Pappband. ●●

Italienische Küche
Ein kulinarischer Streifzug mit regionalen Spezialitäten. (5026) Von M. Gutta, 64 S., 35 Farbfotos, Pappband. ●●

FALKEN-FEINSCHMECKER
Schlemmen wie bei Mamma Maria
Pizzas
(0815) Von F. Faist, 64 S., 62 Farbfotos, Pappband. ●

Köstliche Pilzgerichte
Tips und Rezepte für die häufigsten Pilzgattungen. (5133) Von V. Spicker-Noack, M. Knoop, 64 S., 52 Farbfotos, Pappband. ●●

Fondues
und fritierte Leckerbissen. (0471) Von S. Stein, 96 S., 8 Farbtafeln, kart. ●

Fondues · Raclettes · Flambiertes
(4081) Von R. Peiler und M.-L. Schult, 136 S., 15 Farbtafeln, 28 Zeichnungen, kart. ●●

Neue, raffinierte Rezepte mit dem Raclette-Grill
(0558) Von L. Helger, 56 S., 8 Farbtafeln, kart. ●

Rezepte rund um Raclette und Doppeldecker
(0420) Von J. W. Hochscheid, 72 S., 8 Farbtafeln, kart. ●

Die hier vorgestellten Bücher, Videokassetten und Software sind in folgende Preisgruppen unterteilt:

● Preisgruppe bis DM 10,–/S 79,–
●● Preisgruppe über DM 10,– bis DM 20,– S 80,– bis S 160,–
●●● Preisgruppe über DM 20,– bis DM 30,– S 161,– bis S 240,–
●●●● Preisgruppe über DM 30,– bis DM 50,– S 241,– bis S 400,–
●●●●● Preisgruppe über DM 50,–/S 401,–
*(unverbindliche Preisempfehlung)

Die Preise entsprechen dem Status beim Druck dieses Verzeichnisses (s. Seite 1) – Änderungen, im besonderen der Preise, vorbehalten –

Fondues und Raclettes
(4253) Von F. Faist, 160 S., 125 Farbfotos, Pappband. ●●●

FALKEN-FEINSCHMECKER
Schmelzendes Käsevergnügen
Raclette
(0881) Von F. Faist, 48 S., 33 Farbfotos, Pappband. ●

Kulinarischer Feuerzauber
Flambieren
(4294) Von R. Wesseler, 120 S., 100 Farbfotos, Pappband. ●●●

Kochen und würzen mit
Paprika
(0792) Von A. und G. Eckert, 88 S., 8 Farbtafeln, kart. ●

Köstlichkeiten für Gäste und Feste
Kalte Platten
(4200) Von I. Pfliegner. 160 S., 130 Farbfotos, Pappband. ●●●

Kalte Happen und Partysnacks
Canapés, Sandwiches, Pastetchen, Salate und Suppen. (5029) Von D. Peters, 64 S., 44 Farbfotos, Pappband. ●●

Garnieren und Verzieren
(4236) Von R. Biller, 160 S., 329 Farbfotos, 57 Zeichnungen, Pappband. ●●●

Desserts
Puddings, Joghurts, Fruchtsalate, Eis, Gebäck, Getränke. (5020) Von M. Gutta, 64 S., 41 Farbfotos, Pappband. ●●

FALKEN-FEINSCHMECKER
Süße Verführungen
Desserts
(0885) Von M. Bacher, 64 S., 75 Farbfotos, Pappband. ●

FALKEN-FEINSCHMECKER
Süße Geheimnisse eiskalt gelüftet
Eis und Sorbets
(0870) Von H. W. Liebheit, 48 S., 38 Farbfotos, Pappband. ●

Crêpes, Omeletts und Soufflés
Pikante und süße Spezialitäten. (5131) Von J. Rosenkranz, 64 S., 45 Farbfotos, Pappband. ●●

Kuchen und Torten
Die besten und beliebtesten Rezepte. (5067) Von M. Sauerborn, 64 S., 79 Farbfotos, Pappband. ●●

Tortenträume und Kuchenfantasien
Gebackene Köstlichkeiten originell dekoriert und verziert. (0823) Von F. Faist, 80 S., 150 Farbfotos, kart. ●●

Backen mit Lust und Liebe
(4284) Von M. Schumacher, R. Krake, 242 S., 348 Farbfotos, 18 farb. Vignetten, 3 vierseitige Ausklapptafeln, Pappband. ●●●●

Backen, was allen schmeckt
Kuchen, Torten, Gebäck und Brot. (4166) Von E. Blome, 556 S., 40 Farbtafeln, Pappband. ●●●

Meine Vollkornbackstube
Brot · Kuchen · Aufläufe. (0616) Von R. Raffelt, 96 S., 4 Farbtafeln, 12 Zeichnungen, kart. ●

FALKEN-FEINSCHMECKER
Knusprig, kernig, urgesund
Vollkornbrot
(0938) Von S. Reiter, 64 S., 56 Farbfotos, Pappband. ●

FALKEN-FEINSCHMECKER
Mit Körnern, Zimt und Mandelkern
Vollkorngebäck
(0816) Von M. Bustorf-Hirsch, 48 S., 39 Farbfotos, Pappband. ●

Biologisch Backen
Neue Rezeptideen für Kuchen, Brote, Kleingebäck aus vollem Korn. (4174) Von M. Bustorf-Hirsch, 136 S., 15 Farbtafeln, 47 Zeichnungen, kart. ●●

Selbst Brotbacken
Über 50 erprobte Rezepte. (0370) Von J. Schiermann, 80 S., 6 Zeichnungen, 4 Farbtafeln, kart. ●

Mehr Freude und Erfolg beim
Brotbacken
(4148) Von A. und G. Eckert, 160 S., 177 Farbfotos, Pappband. ●●●

Brotspezialitäten
knusprig backen – herzhaft kochen. (5088) Von J. W. Hochscheid, L. Helger, 64 S., 48 Farbfotos, Pappband. ●●

Weihnachtsbäckerei
Köstliche Plätzchen, Stollen, Honigkuchen und Festtagstorten. (0682) Von M. Sauerborn, 32 S., 34 Farbfotos, Pappband. ●

Waffeln
süß und pikant. (0522) Von C. Stephan, 64 S., 8 Farbtafeln, kart. ●

Alles mit Joghurt
tagfrisch selbstgemacht. Mit vielen Rezepten. (0382) Von G. Volz, 88 S., 8 Farbtafeln, kart. ●

Joghurt, Quark, Käse und Butter
Schmackhaftes aus Milch hausgemacht. (0739) Von M. Bustorf-Hirsch. 32 S., 59 Farbabb., kart. ●

FALKEN-FEINSCHMECKER
Raffiniert und gesund würzen
Kräuterküche
(0869) Von A. Görgens, 48 S.,43 Farbfotos, Pappband. ●

Miekes Kräuter- und Gewürzkochbuch
(0323) Von I. Persy, K. Mieke, 96 S., 8 Farbtafeln, kart. ●

Das köstliche knackige Schlemmervergnügen.
Salate
(4165) Von V. Müller. 160 S., 80 Farbfotos, Pappband. ●●●

FALKEN-FEINSCHMECKER
Frisch und leicht als Hauptgericht
Schlemmersalate
(0934) Von C. Adam, 64 S., 49 Farbfotos, Pappband. ●

111 köstliche Salate
Erprobte Rezepte mit Pfiff. (0222) Von C. Schönherr, 96 S., 8 Farbtafeln, 30 Zeichnungen, kart. ●

FALKEN-FEINSCHMECKER
Köstlich frisch auf den Tisch
Rohkostsalate
(0865) Von C. Adam, 48 S., 26 Farbfotos, Pappband. ●

Die abwechslungsreiche Vollwertküche
Vitaminreich und naturbelassen kochen und backen. (4229) Von M. Bustorf-Hirsch, K. Siegel, 280 S., 31 Farbtafeln, 78 Zeichnungen, Pappband. ●●●●

Die feine Vollwertküche
(4286) Von M. Bustorf-Hirsch, 160 S., 83 Farbfotos, Pappband. ●●●

Meine Vollkornküche
Herzhaftes von echtem Schrot und Korn (0858) Von S. Walz, 128 S., 8 Farbtafeln, kart. ●

FALKEN-FEINSCHMECKER
Dinkel, Hirse, Roggenkorn…
Kerniges aus der Getreideküche
(0932) Von S. Frank, 64 S., 49 Farbfotos, Pappband. ●

FALKEN-FEINSCHMECKER
Die verlockende Alternative
Süße Vollwertküche
(0936) Von A. Roßmeier, 64 S., 50 Farbfotos, Pappband. ●

FALKEN-FEINSCHMECKER
Die gesunde Art, sich zu verwöhnen
Vollwertküche für Singles
(0937) Von A. Görgens, 64 S., 43 Farbfotos, Pappband. ●

Alternativ essen
Die gesunde Sojaküche.
(0553) Von U. Kolster, 112 S., 8 Farbtafeln, kart. ●

Kochen mit Tofu
Die gesunde Alternative. (0894) Von U. Kolster, 80 S., 8 Farbtafeln, kart. ●

Das Reformhaus-Kochbuch
Gesunde Ernährung mit hochwertigen Naturprodukten. (4180) Von A. und G. Eckert, 160 S. 15 Farbtafeln, Pappband. ●●●

Gesund kochen mit Keimen und Sprossen
(0794) Von M. Bustorf-Hirsch, 104 S., 8 Farbtafeln, 13 s/w-Zeichnungen, kart. ●

Keime und Sprossen in der Naturküche
(4299) Von M. Bustorf-Hirsch, 96 S., 144 Farbfotos, Pappband. ●●

Die feine Vegetarische Küche
(4235) Von F. Faist, 160 S., 191 Farbfotos, Pappband. ●●●

Biologische Ernährung
für eine natürliche und gesunde Lebensweise. (4125) Von G. Leibold, 136 S., 15 Farbtafeln, 47 Zeichnungen, kart. ●●

Gesunde Ernährung für mein Kind
(0776) Von M. Bustorf-Hirsch, 96 S., 8 Farbtafeln, 5 s/w Zeichnungen, kart. ●

Vitaminreich und naturbelassen
Biologisch Kochen
(4162) Von M. Bustorf-Hirsch, K. Siegel, 144 S., 15 Farbtafeln, 31 Zeichnungen, kart. ●●

Gesund kochen
wasserarm · fettfrei · aromatisch. (4060) Von M. Gutta, 240 S., 16 Farbtafeln, Pappband. ●●●

Naturküche à la carte
(4406) Von M. Wissing, M. Kirsch, 160 S., 179 Farbfotos, Pappband. ●●●●

Würzig kochen ohne Salz
(0922) Von S. Roediger-Streubel, 160 S., 16 Farbtafeln, kart. ●●

Natursammlers Kuchbuch
Wildfrüchte und Gemüse, Pilze, Kräuter – finden und zubereiten. (4040) Von C. M. Kerler, 140 S., 12 Farbtafeln, kart. ●●

Kräuter- und Heilpflanzen-Kochbuch
für eine gesunde Lebensweise. (4066) Von P. Pervenche, 143 S., 15 Farbtafeln. kart. ●●

Pralinen und Konfekt
Kleine Köstlichkeiten selbstgemacht. (0731) Von H. Engelke, 32 S., 57 Farbfotos, Pappband. ●

FALKEN-FEINSCHMECKER
Zart schmelzende Versuchungen
Schokolade
(0819) Von J. Schroer, 48 S., 53 Farbfotos, Pappband. ●

Die hier vorgestellten Bücher, Videokassetten und Software sind in folgende Preisgruppen unterteilt:

● Preisgruppe bis DM 10,–/S 79,–*
●● Preisgruppe über DM 10,– bis DM 20,– S 80,– bis S 160,–
●●● Preisgruppe über DM 20,– bis DM 30,– S 161,– bis S 240,–
●●●● Preisgruppe über DM 30,– bis DM 50,– S 241,– bis S 400,–
●●●●● Preisgruppe über DM 50,–/S 401,–

*(unverbindliche Preisempfehlung)

Die Preise entsprechen dem Status beim Druck dieses Verzeichnisses (s. Seite 1) – Änderungen, im besonderen der Preise, vorbehalten –

FALKEN

Falken-Verlag GmbH · Postfach 1120 D-6272 Niedernhausen/Ts. · Tel.: 06127/7020

as richtige Frühstück
;esunde Vollwertkost vitaminreich und
aturbelassen. (0784) Von C. Kratzel, R. Böll,
2 S., 28 Farbfotos, Pappband. ●

ocuse à la carte
ranzösisch kochen mit dem Meister.
4237) Von P. Bocuse, 88 S., 218 Farbfotos,
appband. ●●

ochschule mit Paul Bocuse
6016) VHS, 60 Min. in Farbe. ●●●●●*

er schön gedeckte Tisch
om einfachen Gedeck bis zur Festtafel stimungsvoll und perfekt arrangiert.
4246) Von H. Tapper, 112 S., 206 Farbabbildungen, 21 s/w-Abbildungen, Pappband.
●●●

ervietten dekorativ falten
;eschmackvolle Anregungen aus Stoff und
apier. (0804) Von H. Tapper, 3T S., 134 Farbotos, Pappband. ●

ocktails
4267) Von W. R. Hoffmann, W. Hubert,
J. Lottring, 160 S., 164 Farbfotos, 1 s/w-Foto,
appband. ●●●

Neue Cocktails und Drinks
mit und ohne Alkohol. (0517) Von S. Späth,
128 S., 4 Farbtafeln, kart., ●

Mixgetränke
mit und ohne Alkohol (5017) Von C. Arius,
64 S., 35 Farbfotos, Pappband. ●●

FALKEN-FEINSCHMECKER
Fruchtig, spritzig, eisgekühlt
Mixen ohne Alkohol
(0935) Von S. Späth, 64 S., 44 Farbfotos,
Pappband. ●

Cocktails und Mixereien
für häusliche Feste und Feiern. (0075) Von
J. Walker, 96 S., 4 Farbtafeln, kart. ●

Die besten Punsche, Grogs und Bowlen
(0575) Von F. Dingden, 64 S., 4 Farbtafeln,
kart. ●

Weine und Säfte, Liköre und Sekt
selbstgemacht. (0702) Von P. Arauner,
232 S., 76 Abb., kart. ●●

Mitbringsel aus meiner Küche
selbst gemacht und liebevoll verpackt.
(0668) Von C. Schönherr, 32 S., 30 Farbfotos,
Pappband. ●

Weinlexikon
Wissenswertes über die Weine der Welt.
(4149) Von U. Keller, 228 S., 6 Farbtafeln,
395 s/w-Fotos, Pappband. ●●●

Heißgeliebter Tee
Sorten, Rezepte und Geschichten. (4114) Von
C. Maronde, 153 S., 16 Farbtafeln, 93 Zeichnungen, Pappband. ●●●

Tee für Genießer.
Sorten · Riten · Rezepte. (0356) Von M. Nicolin, 64 S., 4 Farbtafeln, kart. ●

Tee
Herkunft · Mischungen · Rezepte. (0515) Von
S. Ruske, 96 S., 4 Farbtafeln, 16 s/w-Abbildungen, Pappband. ●

Kinder lernen spielend backen
(5110) Von M. Gutta, 64 S., 45 Farbfotos,
Pappband. ●●

Kinder lernen spielend kochen
Lieblingsgerichte mit viel Spaß selbst zubereitet. (5096) Von M. Gutta, 64 S., 45 Farbfotos, Pappband, ●●

Komm, koch mit mir
Kunterbuntes Kochvergnügen für Kinder.
(4285) Von S. und H. Theilig, Illustrationen
von B. v. Hayek, 96 S., 48 Farbfotos,
350 Farb- und 1 s/w-Zeichnung, Pappband.
●●

Schlank werden nach Dr. Hay
Trennkost
Die bewährten Vollwert-Rezepte von Ursula
Summ. (4298) Von U. Summ, 96 S., 54 Farbtafeln, 1 Zeichnung, kart. ●●

Gesund leben – schlank werden mit der
Bio-Kur
(0657) Von S. Winter. 144 S., 4 Farbtafeln,
kart. ●

SLIM
Der neue, individuelle Schlankheitsplan
(4277) Von Prof. Dr. E. Menden, W. Aign.
120 S., 440 Farbfotos, Pappband. ●●●

Kalorien – Joule
Eiweiß · Fett · Kohlenhydrate tabellarisch
nach gebräuchlichen Mengen. (0374) Von
M. Bormio, 88 S., kart. ●

Vitamine und Ballaststoffe
So ermittle ich meinen täglichen Bedarf
(0746) Von Prof. Dr. M. Wagner, I. Bongartz.
96 S., 6 Farbabb., zahlreiche Tabellen, kart. ●

Hobby und Freizeit

Aquarellmalerei
als Kunst und Hobby. (4147) Von H. Haack,
B. Wersche, 136 S., 62 Farbfotos, 119 Zeichnungen, Pappband. ●●●●

Aquarellmalerei
Materialien · Techniken · Motive.
(5099) Von T. Hinz, 64 S., 79 Farbfotos,
Pappband. ●●

Hobby Aquarellmalen
Landschaft und Stilleben. (0876) Von
I. Schade, A. Brück, 80 S., 111 Farbabbildungen, kart. ●●

Videokassette
Hobby Aquarellmalen
Landschaft und Stilleben (6022) VHS,
ca. 40 Min., in Farbe, ●●●●*

Aquarellmalerei leicht gelernt
Materialien · Techniken · Motive.
(0787) Von T. Hinz, R. Braun, B. Zeidler,
32 S., 38 Farbfotos, 1 Zeichnung, Pappband.
●

Aquarellieren auf Seide
Materialien · Techniken · Motive.
(0917) Von I. Demharter, 32 S., 41 Farbfotos,
Pappband. ●

Hobby Ölmalerei
Landschaft und Stilleben. (0875) Von
H. Kämper, I. Becker, 80 S., 93 Farbabb., kart.
●●

Videokassette
Hobby Ölmalerei
Landschaft und Stilleben (6025) VHS,
ca. 40 Min., in Farbe, ●●●●*

Falken-Handbuch
Zeichnen und Malen
(4167) Von B. Bagnall, 336 S., 1154 Farbabb.,
Pappband. ●●●●●

Das große farbige PLAKA-Buch
Malen und Basteln
(4402) Von H.-J. Giesecke, 192 S., 225 Farbfotos, 20 Farb- und 4 s/w- Zeichnungen,
Pappband. ●●

Das große farbige
Bastelbuch für Kinder
(4254) Von U. Barff, I. Burkhardt, J. Maier.
224 S., 157 Farbfotos, 430 Farb- und 69 s/w-Zeichnungen, Pappband. ●●●

Punkt, Punkt, Komma, Strich
Zeichenstunden für Kinder. (0564) Von
H. Witzig, 144 S., über 250 Zeichnungen,
kart. ●

Einmal grad und einmal krumm
Zeichenstunden für Kinder. (0599) Von
H. Witzig, 144 S., 363 Abb. kart. ●

Naive Malerei
Materialien · Motive · Techniken. (5083) Von
F. Krettek, 64 S., 76 Farbfotos, Pappband.
●●

Bauernmalerei
als Kunst und Hobby. (4057) Von A. Gast,
H. Stegmüller, 128 S., 239 Farbfotos, 26 Riß-Zeichnungen, Pappband. ●●●●

Hobby Bauernmalerei
(0436) Von S. Ramos und J. Roszak, 80 S.,
116 Farbfotos und 28 Motivvorlagen, kart.
●●

Bauernmalerei
Kreatives Hobby nach alter Volkskunst
(5039) Von S. Ramos, 64 S., 85 Farbfotos,
Pappband. ●●

Glasmalerei
als Kunst und Hobby. (4088) Von F. Krettek
und S. Beeh-Lustenberger, 132 S., 182 Farbfotos, 38 Motivvorlagen, Pappband. ●●●●

Naive Hinterglasmalerei
Materialien · Techniken · Bildvorlagen
(5145) Von F. Krettek, 64 S., 87 Farbfotos,
6 Zeichnungen, Pappband. ●●

Kalligraphie
Die Kunst des schönen Schreibens
(4263) Von C. Hartmann, 120 S., 44 Farbvorlagen, 29 s/w-Vorlagen, 2 s/w-Zeichnungen,
38 Farbfotos, Pappband. ●●●●

Seidenmalerei als Kunst und Hobby
(4264) Von S. Hahn, 136 S., 256 Farbfotos,
1 s/w-Foto, 34 Farbzeichnungen, Pappband.
●●●●

Kunstvolle Seidenmalerei
Mit zauberhaften Ideen zum Nachgestalten.
(0783) Von I. Demharter, 32 S., 56 Farbfotos,
Pappband. ●

Zauberhafte Seidenmalerei
Materialien · Techniken · Gestaltungsvorschläge. (0664) Von E. Dorn, 32 S.,
62 Farbfotos, Pappband. ●

Neue zauberhafte Seidenmalerei
Motive und Anregungen aus der Natur.
(0924) Von R. Henge, 80 S., 148 Farbfotos,
27 s/w-Zeichnungen, kart. ●●

Hobby Seidenmalerei
(0611) Von R. Henge, 88 S., 106 Farbfotos,
28 Zeichnungen, kart. ●●

Hobby Stoffdruck und Stoffmalerei
(0555) Von A. Ursin, 80 S., 68 Farbfotos,
68 Zeichnungen, kart. ●●

Stoffmalerei und Stoffdruck
Materialien · Techniken · Ideen · Modelle
(5074) Von H. Gehring, 64 S., 110 Farbfotos,
Pappband. ●●

Batik
leicht gemacht. Materialien · Färbetechniken ·
Gestaltungsideen. (5112) Von A. Gast, 64 S.,
105 Farbfotos, Pappband. ●●

Die hier vorgestellten Bücher, Videokassetten und Software sind in folgende Preisgruppen unterteilt:

● Preisgruppe bis DM 10,–/S 79,–
●● Preisgruppe über DM 10,– bis DM 20,– S 80,– bis S 160,–
●●● Preisgruppe über DM 20,– bis DM 30,– S 161,– bis S 240,–
●●●● Preisgruppe über DM 30,– bis DM 50,– S 241,– bis S 400,–
●●●●● Preisgruppe über DM 50,–/S 401,–
*(unverbindliche Preisempfehlung)

Die Preise entsprechen dem Status beim Druck dieses Verzeichnisses (s. Seite 1) – Änderungen, im besonderen der Preise, vorbehalten –

Kreatives Bilderweben
Materialien – Vorlagen – Motive
(0814) Von A. Schulte-Huxel, 32 S., 58 Farbfotos, 8 Zeichnungen, Pappband. ●

Hobby Applikationen
Materialien · Techniken · Modelle.
(0899) Von H. Probst-Reinhardt, 80 S., 92 Farbfotos, 31 Zeichnungen, kart. ●●

Flechten
mit Bast, Stroh und Peddigrohr. (5098) Von H. Hangleiter, 64 S., 47 Farbfotos, 76 Zeichnungen, Pappband. ●●

Falken-Handbuch
Nähen
Abc der Nähtechniken und kreative Modellschneiderei in ausführlichen Schritt-für-Schritt-Bildfolgen. (4272) Von A. Bree, 320 S., 1142 Abbildungen, Schnittmusterbogen für alle Modelle, Pappband. ●●●●

Falken-Handbuch
Häkeln
ABC der Häkeltechniken und Häkelmuster in ausführlichen Schritt-für-Schritt-Bildfolgen. (4194) Von H. Fuchs, M. Natter, 288 S., 597 Farbfotos, 476 farbige Zeichnungen. Pappband. ●●●●

Häkeln
Schritt für Schritt für Rechts- und Linkshänder. (5134) Von H. Klaus, 64 S., 120 Farbfotos, 144 Zeichnungen, Pappband. ●●

Monogrammstickerei
Mit Vorlagen für Initialen, Vignetten und Ornamente. (5148) Von H. Fuchs, 64 S., 50 Farbfotos, 50 Zeichnungen, Pappband. ●●

Falken-Handbuch
Stricken
ABC der Stricktechniken und Strickmuster in ausführlichen Schritt-für-Schritt-Bildfolgen. (4137) Von M. Natter, 312 S., 106 Farb- und 922 s/w-Fotos, 318 Zeichnungen, Pappband. ●●●●

Das moderne Standardwerk von der Expertin
Perfekt Stricken
Mit Sonderteil Häkeln. (4250) Von H. Jaacks, 256 S., 703 Farbfotos, 169 Farb- und 121 s/w-Zeichnungen, Pappband. ●●●

Videokassette Stricken
(6007) VHS. Von P. Krolikowski-Habicht, H. Jaacks, 51 Min., in Farbe. ●●●●*

Stricken
Schritt für Schritt für Rechts- und Linkshänder. (5142) Von S. Oelwein-Schefczik, 64 S., 148 Farbfotos, 173 Zeichnungen, Pappband. ●●

Die schönsten Handarbeiten zum Verschenken
(4225) Von B. Wenzelburger, 128 S., 156 Farbfotos, 70 zweifarbige Zeichnungen, Pappband. ●●●●

Kuscheltiere stricken und häkeln
Arbeitsanleitungen und Modelle. (0734) Von B. Wehrle, 32 S., 60 Farbfotos, 28 Zeichnungen, Spiralbindung. ●

Hobby Patchwork und Quilten
(0768) Von B. Staub-Wachsmuth, 80 S., 108 Farbabb., 43 Zeichnungen, kart. ●●

Hobby Spitzencollagen
Bezaubernde Motive aus edlem Material. (0847) Von H. Westphal, 80 S., 186 Farbfotos, kart. ●●

Textiles Gestalten
Weben, Knüpfen, Batiken, Sticken, Objekte und Strukturen. (5123) Von J. Fricke, 136 S., 67 Farb- und 189 s/w-Fotos, 15 Zeichnungen, kart. ●●

Gestalten mit Glasperlen
fädeln · sticken · weben (0640) Von A. Köhler, 32 S., 55 Farbfotos, Spiralbindung. ●

Schmuck, Accessoires und Dekoratives
aus Fimo modelliert. (0873) Von A. Aurich, 32 S., 54 Farbfotos, Pappband. ●

Exklusiver Modeschmuck
aus dem eigenen Atelier
(0925) Von J. Niemeier, J. Klein, 80 S., 141 Farbfotos, 25 Zeichnungen, kart. ●●

Neue zauberhafte Salzteig-Ideen
(0719) Von I. Kiskalt, 80 S., 324 Farbfotos, 12 Zeichnungen, kart. ●●

Hobby Salzteig
(0662) Von I. Kiskalt, 80 S., 150 Farbfotos, 5 Zeichnungen, Schablonen, kart. ●●

Gestalten mit Salzteig
formen · bemalen · lackieren. (0613) Von W.-U. Cropp, 32 S., 56 Farbfotos, 17 Zeichnungen, Pappband. ●

Originell und dekorativ
Salzteig mit Naturmaterialien
(0833) Von A. und H. Wegener, 80 S., 166 Farbfotos, kart. ●●

Buntbemalte Kunstwerke aus Salzteig
Figuren, Landschaften und Wandbilder. (5141) Von G. Belli, 64 S., 165 Farbfotos, 1 Zeichnung, Pappband. ●●

Kreatives Gestalten mit Salzteig
Originelle Motive für Fortgeschrittene. (0769) Hrsg. I. Kiskalt, 80 S., 168 Farbfotos, kart. ●●

Videokassette Salzteig
(6010) VHS. Von I. Kiskalt, Dr. A. Teuchert, in Farbe, ca. 35 Min. ●●●●●*

Tiffany-Spiegel selbermachen
Materialien · Arbeitsanleitung · Vorlagen. (0761) Von R. Thomas, 32 S., 53 Farbfotos, Pappband. ●

Tiffany-Schmuck selbermachen
Materialien · Arbeitsanleitungen · Modelle. (0871) Von B. Poludniak, H. W. Scheib, 32 S., 54 Farbfotos, 3 Zeichnungen, Pappband. ●

Tiffany-Lampen selbermachen
Arbeitsanleitung · Materialien · Modelle. (0684) Von I. Spliethoff, 32 S., 60 Farbfotos, Pappband. ●

Hobby Glaskunst in Tiffany-Technik
(0781) Von N. Köppel, 80 S., 194 Farbfotos, 6 s/w-Abb., kart., ●●

Altes Brauchtum neu endeckt
Schmuck-Eier
Kunstvoll gestalten und verzieren. (0919) Von I. Kiskalt, 32 S., 45 Farbfotos, 3 s/w-Zeichnungen, Pappband. ●

Origami –
Die Kunst des Papierfaltens. (0280) Von R. Harbin, 160 S., 633 Zeichnungen, kart. ●

Hobby Origami
Papierfalten für groß und klein. (0756) Von Z. Aytüre-Scheele, 88 S., über 800 Farbfotos, kart. ●●

Neue zauberhafte Origami-Ideen
Papierfalten für groß und klein. (0805) Von Z. Aytüre-Scheele, 80 S., 720 Farbfotos, kart. ●●

Weihnachtsbasteleien
(0667) Von M. Kühnle und S. Beck, 32 S., 56 Farbfotos, 6 Zeichnungen, Pappband. ●

Alle Jahre wieder...
Avent und Weihnachten
Basteln – Backen – Schmücken – Singen – Vorlesen – Feiern.
(4260) Von H. und Y. Nadolny, 256 S., 105 Farbfotos, 130 Zeichnungen, Pappband ●●●

Bastelspaß mit der Laubsäge
Mit Schnittmusterbogen für viele Modelle in Originalgröße. (0741) Von L. Giesche, M. Bausch, 32 S., 61 Farbfotos, 7 Zeichnungen, Schnittmusterbogen, Pappband. ●

Strohschmuck selbstgebastelt
Sterne, Figuren und andere Dekorationen (0740) Von E. Rombach, 32 S., 60 Farbfotos, 17 Zeichnungen, Pappband. ●

Das Herbarium
Pflanzen sammeln, bestimmen und pressen. (5113) Von I. Gabriel, 96 S., 140 Farbfotos, Pappband. ●●

Gestalten mit Naturmaterialien
Zweige, Kerne, Federn, Muscheln und anderes. (5128) Von I. Krohn, 64 S., 101 Farbfotos 11 farbige Zeichnungen, Pappband. ●●

Blütenbilder aus Blumen und Blättern
Phantasievolle Naturcollagen.
(0872) Von G. Schamp, 32 S., 57 Farbfotos, 1 Zeichnung, Pappband. ●

Dauergestecke
mit Zweigen, Trocken- und Schnittblumen. (5121) Von G. Vocke, 64 S., 57 Farbfotos, Pappband. ●●

Ikebana
Einführung in die japanische Kunst des Blumensteckens. (0548) Von G. Vocke, 152 S., 47 Farbfotos, kart. ●●

Hobby Trockenblumen
Gewürzsträuße, Gestecke, Kränze, Buketts. (0643) Von R. Strobel-Schulze, 88 S., 170 Farbfotos, kart. ●●

Hobby Gewürzsträuße
und zauberhafte Gebinde nach Salzburger Art. (0726) Von A. Ott, 80 S., 101 Farbfotos, 51 farbige Zeichnungen, kart. ●●

Trockenblumen und Gewürzsträuße
(5084) Von G. Vocke, 64 S., 63 Farbfotos, Pappband. ●●

Töpfern
als Kunst und Hobby. (4073) Von J. Fricke, 132 S., 37 Farbfotos, 222 s/w-Fotos, Pappband. ●●●●

Kreatives Gestalten mit Ton
Töpfern ohne Scheibe – Aufbaukeramik
(0896) Von A. Riedinger, 80 S., 207 Farbfotos, 16 Zeichnungen, 7 Vignetten, kart. ●●

Schöne Sachen modellieren
Originelles aus Cernit – ideenreich gestaltet. (0762) Von G. Thelen, 32 S., 105 Farbfotos, Pappband. ●

Porzellanpuppen
Zauberhafte alte Puppen selbst nachbilden. (5138) Von C. A. und D. Stanton, 64 S., 58 Farbfotos, 22 Zeichnungen, Pappband. ●●

Zauberhafte alte Puppen
Sammeln · Restaurieren · Nachbilden
(4255) Von C. A. Stanton, J. Jacobs, 120 S., 157 Farbfotos, 24 Zeichnungen, Pappband. ●●●●

Die hier vorgestellten Bücher, Videokassetten und Software sind in folgende Preisgruppen unterteilt:

● Preisgruppe bis DM 10,–/S 79,–
●● Preisgruppe über DM 10,– bis DM 20,– S 80,– bis S 160,–
●●● Preisgruppe über DM 20,– bis DM 30,– S 161,– bis S 240,–
●●●● Preisgruppe über DM 30,– bis DM 50,– S 241,– bis S 400,–
●●●●● Preisgruppe über DM 50,–/S 401,–
*(unverbindliche Preisempfehlung)

Die Preise entsprechen dem Status beim Druck dieses Verzeichnisses (s. Seite 1) – Änderungen, im besonderen der Preise, vorbehalten –

Stoffpuppen
Liebenswerte Modelle selbermachen. (5150) Von I. Wolff, 56 S., 115 Farbfotos, 15 Zeichnungen, mit Schnittmusterbogen, Pappband. ●●

Hobby Puppen
Bezaubernde Modelle selbst gestalten. (0742) Von B. Wenzelburger, 88 S., 163 Farbfotos, 41 Zeichnungen, 11 Schnittmuster, kart. ●●

Selbstgestrickte Puppen
Materialien und Arbeitsanleitungen. (0638) Von B. Wehrle, 32 S., 21 Farbfotos, 24 Zeichnungen, Pappband. ●

Dekorative Rupfenpuppen
Arbeitsanleitungen und Gestaltungsvorschläge. (0733) Von B. Wenzelburger, 32 S., 57 Farbfotos, 14 Zeichnungen, Spiralbindung. ●

Phantasiepuppen stricken und häkeln
Märchenhafte Modelle mit Arbeitsanleitungen. (0813) Von B. Wehrle, 32 S., 26 Farbfotos, 30 einfarbige und 16 dreifarbige Zeichnungen, Pappband. ●

Heißgeliebte Teddybären
Selbermachen · Sammeln · Restaurieren. (0900) Von H. Nadolny, Y. Thalheim, 80 S., 119 Farbfotos, 23 s/w-Zeichnungen, 14 S. Schnittmusterbogen, kart. ●●

Schritt für Schritt zum Scherenschnitt
Materialien · Techniken · Gestaltungsvorschläge. (0732) Von H. Klingmüller, 32 S., 38 Farbfotos, 34 Vorlagen, Pappband. ●

Hobby Drachen
bauen und steigen lassen. (0767) Von W. Schimmelpfennig, 80 S., 1 dreiseitige Ausklapptafel, 55 Farbfotos, 139 Zeichnungen, kart. ●●

Ferngelenkte Motorflugmodelle
bauen und fliegen. (0400) Von W. Thies, 184 S., mit Zeichnungen und Detailplänen, kart. ●●

Flugmodelle
bauen und einfliegen. (0361) Von W. Thies und W. Rolf, 160 S., 63 Abb., 7 Faltpläne, kart. ●●

Kleine Welt auf Rädern
Das faszinierende Spiel mit **Modelleisenbahnen** (4175) Von F. Eisen, 256 S., 72 Farb- und 180 s/w-Fotos, 25 Zeichnungen, Pappband. ●●●

Anlagenbau in Modultechnik
für Modelleisenbahnen und Dioramen. (0845) Von J. Thal, 104 S., 68 Farbfotos, 28 Zeichnungen, kart. ●●●

Videokassette
Die Modelleisenbahn
Anlagenbau in Modultechnik. Neue kreative Gestaltung. Neue raffinierte Techniken. (6028) VHS, von J. Grahn, 30 Min., in Farbe, ●●●●*

Schiffsmodelle
selber bauen. (0500) Von D. und R. Lochner, 200 S., 93 Zeichnungen, 2 Faltpläne, kart. ●●

Ferngelenkte Segelflugmodelle
bauen und fliegen. (0446) Von W. Thies, 176 S., 22 s/w-Fotos, 115 Zeichnungen, kart. ●●

Garagentore selbst bemalt
Techniken und Motive. (0786) Von H. und Y. Nadolny, 32 S., 24 Farbfotos, 12 s/w-Zeichnungen, Pappband. ●

Falken Handbuch
Heimwerken
Reparieren und Selbermachen im Haus und Wohnung - über 1100 Farbfotos. Praktische Tips vom Profi: Selbermachen, Reparieren, Renovieren, Kostensparen. (4117) Von Th. Pochert, 440 S., 1103 Farbfotos, 100 ein- und zweifarbige Abb., Pappband. ●●●●

Falken-Heimwerker-Praxis
Tapezieren
(0743) Von W. Nitschke, 112 S., 186 Farbfotos, 9 Zeichnungen, kart. ●●

Falken-Heimwerker-Praxis
Anstreichen und Lackieren
(0771) Von P. Müller, 120 S., 186 Farbfotos, 2 s/w Fotos, 3 Zeichnungen, kart. ●●

Falken-Heimwerker-Praxis
Fahrrad-Reparaturen
(0796) Von R. van der Plas, 112 S., 140 Farbfotos, 113 farbige Zeichnungen, kart. ●●

Falken-Heimwerker-Praxis
Kleinmöbel aus Holz
(0905) Von O. Maier, 128 S., 210 Farbfotos, 80 Zeichnungen, kart. ●●

Restaurieren von Möbeln
Stilkunde, Materialien, Techniken, Arbeitsanleitungen in Bildfolgen. (4120) Von E. Schnaus-Lorey, 152 S., 37 Farbfotos, 75 s/w Fotos, 352 Zeichnungen, Pappband. ●●●●

Möbel aufarbeiten, reparieren und pflegen
(0386) Von E. Schnaus-Lorey, 96 S., 28 Fotos, 101 Zeichnungen, kart. ●

Feuerzeichen behaglicher Wohnkultur
Kachelöfen, Kamine und Kaminöfen
(4288) Hrsg. von C. Berninghaus. Von R. Heinen, G. Kosicek, H. P. Sabborrosch, 168 S., 291 Farbfotos, 2 s/w-Fotos, 8 Zeichnungen, Pappband. ●●●●●

Moderne Fotopraxis
(4401) Von G. Koshofer, Prof. H. Wedewardt, 224 S., 363 Farbfotos, 106 s/w-Fotos, 5 Farb- und 24 s/w-Zeichnungen, Pappband. ●●●

Aktfotografie
Interpretationen zu einem unerschöpflichen Thema. Gestaltung · Technik · Spezialeffekte. (0737) Von H. Wedewardt, 88 S., 144 Farb- und 6 s/w-Fotos, 6 Zeichnungen, kart. ●●

Videokassette
Aktfotografie
(6001) VHS, Laufzeit ca. 60 Min. in Farbe. ●●●●●*

So macht man bessere Fotos
Das meistverkaufte Fotobuch der Welt. (0614) Von M. L. Taylor, 192 S., 457 Farbfotos, 15 Abb., kart. ●●

Schmalfilmen
Ausrüstung · Aufnahmepraxis · Schnitt · Ton. (0342) Von U. Ney, 108 S., 4 Farbtafeln, 25 s/w-Fotos, kart. ●

Schmalfilme selbst vertonen
(0593) Von U. Ney, 96 S., 57 s/w-Fotos, 14 Zeichnungen, kart. ●

Videografieren
Filmen mit Video 8. Technik – Bildgestaltung – Schnitt – Vertonung. (0843) Von M. Wild, K. Möller, 120 S., 101 Farbfotos, 22 s/w-Fotos, 52 Zeichnungen, kart. ●●

Videokassette
Videografieren
Filmen mit Video 8. Technik – Bildgestaltung – Schnitt – Vertonung. (6031) VHS, (6033) Beta, (6034) Sony 8 mm, von M. Wild, 60 Min., in Farbe. ●●●●●*

Mit vollem Genuß
Pfeife rauchen
Alles über Tabaksorten, Pfeifen und Zubehör. (4227) Von H. Behrens, H. Frickert, 168 S., 127 Farbfotos, 18 Zeichnungen, Pappband. ●●●●

Die Fazination der Philatelie
Briefmarken sammeln
(4273) Von D. Stein, 212 S., 124 s/w-Fotos, 24 Farbtafeln, Pappband. ●●●

Briefmarken
sammeln für Anfänger. (0481) Von D. Stein. 120 S., 4 Farbtafeln, 98 s/w-Abb., kart. ●

Münzen
Ein Brevier für Sammler. (0353) Von E. Dehnke, 128 S., 4 Farbtafeln, 17 s/w-Abb., kart. ●●

Astronomie als Hobby
Sternbilder und Planeten erkennen und benennen. (0572) Von D. Block, 176 S., 16 Farbtafeln, 49 s/w-Fotos, 93 Zeichnungen, kart. ●●

Astronomie im Bild
Unser Sternenhimmel rund ums Jahr
(0849) Von Dr. E. Übelacker, 88 S., 48 Farbfotos, 1 s/w-Foto, 68 Farbzeichnungen, kart. ●●

Freizeit mit dem Mikroskop
(0291) Von M. Deckart, 132 S., 8 Farbtafeln, 64 s/w-Abb., 2 Zeichnungen, kart. ●

Gitarre spielen
Ein Grundkurs für den Selbstunterricht. (0534) Von A. Roßmann, 96 S., 1 Schallfolie, 150 Zeichnungen, kart. ●●●

Komm mit ins Land der Lieder
Das große Buch der Kinder-, Volks- und Chorlieder. (4261) Hrsg. von H. Rauhe, 176 S., 146 Farbzeichnungen, Pappband. ●●●

Die schönsten Wander- und Fahrtenlieder
(0462) Hrsg. von F. R. Miller, empfohlen vom Deutschen Sängerbund, 80 S., mit Noten und Zeichnungen, kart. ●

Die schönsten Volkslieder
(0432) Hrsg. von D. Walther, 128 S., mit Noten und Zeichnungen, kart. ●

Technik

Dampflokomotiven
(4204) Von W. Jopp, 96 S., 134 Farbfotos, Pappband. ●●●

Die Super-Eisenbahnen der Welt
(4287) Von W. Kosak, H. G. Isenberg, 224 S., 269 Farbfotos, 79 s/w-Fotos, 8 Vignetten, 5 farb. Ausklapptafeln, Pappband. ●●●●

Zivilflugzeuge
Vom Kleinflugzeug zum Überschall-Jet (4218) Von R. J. Höhn, H. G. Isenberg, 96 S., 115 Farbfotos, Pappband. ●●●

Trucks
Giganten der Landstraßen in aller Welt. (4222) Von H. G. Isenberg, 96 S., 131 Farbfotos, Pappband. ●●●

Die Super-Trucks der Welt
(4257) Von H. G. Isenberg, 194 S., 205 Farbfotos, 87 s/w-Fotos, 7 Farbzeichnungen, 4 Ausklapptafeln, Pappband. ●●●●

Die hier vorgestellten Bücher, Videokassetten und Software sind in folgende Preisgruppen unterteilt:

- ● Preisgruppe bis DM 10,–/S 79,–
- ●● Preisgruppe über DM 10,– bis DM 20,– S 80,– bis S 160,–
- ●●● Preisgruppe über DM 20,– bis DM 30,– S 161,– bis S 240,–
- ●●●● Preisgruppe über DM 30,– bis DM 50,– S 241,– bis S 400,–
- ●●●●● Preisgruppe über DM 50,–/S 401,–

*(unverbindliche Preisempfehlung)

Die Preise entsprechen dem Status beim Druck dieses Verzeichnisses (s. Seite 1) – Änderungen, im besonderen der Preise, vorbehalten –

Die Super-Motorräder der Welt
(4193) Von H. G. Isenberg, 192 S., 170 Farb- und 100 s/w-Fotos, 8 Zeichnungen, Pappband. ●●●●

Motorrad-Hits
Chopper, Tribikes, Heiße Öfen. (4221) Von H. G. Isenberg, 96 S., 119 Farbfotos, Pappband. ●●●

Motorrad-Faszination
Heiße Öfen, von denen jeder träumt. (4223) Von H. G. Isenberg, 96 S., 103 Farb- und 20 s/w-Fotos, Pappband. ●●●

Sport und Fitneß

ZDF Sportjahr '87
Rekorde, Siege, Schicksale, Ergebnisse, Termine '88
(4290) Hrsg. von B. Heller, 192 S., 275 Farb- und 4 s/w-Fotos, kart. ●●

Neue Lehrmethoden der Judo-Praxis
(0424) Von P. Herrmann, 223 S., 475 Abb., kart. ●●

Judo
Grundlagen – Methodik. (0305) Von M. Ohgo, 208 S., 1025 Fotos, kart. ●●

Fußwürfe
für Judo, Karate und Selbstverteidigung. (0439) Von H. Nishioka, 96 S., 260 Abb., kart. ●

Modernes Karate
Das große Standardwerk mit 2229 Abbildungen. (4280) Von T. Okazaki, Dr. med. M. V. Stricevic, übers. von M. Pabst, 376 S., 2279 Abbildungen, Pappband. ●●●●●

Karate für alle
Karate-Selbstverteidigung in Bildern. (0314) Von A. Pflüger, 112 S., 356 s/w-Fotos, kart. ●

Nakayamas Karate perfekt 1
Einführung. (0487) Von M. Nakayama, 136 S., 605 s/w-Fotos, kart. ●●

Nakayamas Karate perfekt 2
Grundtechniken. (0512) Von M. Nakayama, 136 S., 354 s/w-Fotos, 53 Zeichnungen, kart. ●●

Nakayamas Karate perfekt 3
Kumite 1: Kampfübungen. (0538) Von M. Nakayama, 128 S., 424 s/w-Fotos, kart. ●●

Nakayamas Karate perfekt 4
Kumite 2: Kampfübungen. (0547) Von M. Nakayama, 128 S., 394 s/w-Fotos, kart. ●●

Nakayamas Karate perfekt 5
Kata 1: Heian, Tekki. (0571) Von M. Nakayama, 144 S., 1229 s/w-Fotos, kart. ●●

Nakayamas Karate perfekt 6
Kata 2: Bassai-Dai, Kanku-Dai, (0600) Von M. Nakayama, 144 S., 1300 s/w-Fotos, 107 Zeichnungen, kart. ●●

Nakayamas Karate perfekt 7
Kata 3: Jitte, Hangetsu, Empi. (0618) Von M. Nakayama, 144 S., 1988 s/w-Fotos, 105 Zeichnungen, kart. ●●

Nakayamas Karate perfekt 8
Gankaku, Jion. (0650) Von M. Nakayama, 144 S., 1174 s/w-Fotos, 99 Zeichungen, kart. ●●

Kontakt-Karate
Ausrüstung · Technik · Training. (0396) Von A. Pflüger, 112 S., 238 s/w-Fotos, kart. ●●

Karate-Do
Das Handbuch des modernen Karate. (4028) Von A. Pflüger, 360 S., 1159 Abb., Pappband. ●●●●

Bo-Karate
Kukishin-Ryu – die Techniken des Stockkampfes. (0447) Von G. Stiebler, 176 S., 424 s/w-Fotos, 38 Zeichnungen, kart. ●●

Karate 1
Einführung · Grundtechniken. (0227) Von A. Pflüger, 148 S., 195 s/w-Fotos, 120 Zeichnungen, kart. ●

Karate 2
Kombinationstechniken · Katas. (0239) Von A. Pflüger, 176 S., 452 s/w-Fotos und Zeichnungen, kart. ●

Karate Kata 1
Heian 1-5, Tekki 1, Bassai Dai. (0683) Von W.-D. Wichmann, 164 S., 703 s/w-Fotos, kart. ●●

Karate Kata 2
Jion, Empi, Kanku-Dai, Hangetsu. (0723) Von W.-D. Wichmann, 140 S., 661 s/ w-Fotos, 4 Zeichnungen, kart. ●●

25 Shotokan-Katas
Auf einen Blick: Karate-Katas für Prüfungen und Wettkämpfe. (0859) Von A. Pflüger, 88 S., 185 s/w-Abbildungen, 26 ganzseitige Tafeln mit über 1.600 Einzelschritten, kart. ●●

Videokassette
Karate
Einführung und Grundtechniken. (6037) VHS, Von A. Pflüger, ca. 45 Min., in Farbe, ●●●●●*

Ninja 1
Die Lehre der Schattenkämpfer. (0758) Von S. K. Hayes, 144 S., 137 s/w-Fotos, kart. ●●

Ninja 2
Die Wege zum Shoshin (0763) Von S. K. Hayes, 160 S., 309 s/w-Fotos, kart. ●●

Ninja 3
Der Pfad des Togakure-Kämpfers. (0764) Von S. K. Hayes, 144 S., 197 s/w-Fotos, 2 Zeichnungen, kart. ●●

Ninja 4
Das Vermächtnis der Schattenkämpfer. (0807) Von S. K. Hayes, 196 S., 466 s/w-Fotos, kart. ●●

Der König des Kung-Fu
Bruce Lee
Sein Leben und Kampf. (0392) Von L. Lee, 136 S., 104 s/w-Fotos, kart. ●●

Bruce Lees Kampfstil 1
Grundtechniken. (0473) Von B. Lee, M. Uyehara, 109 S., 220 Abb., kart. ●

Bruce Lees Kampfstil 2
Selbstverteidigungs-Techniken. (0486) Von B. Lee, M. Uyehara, 128 S., 310 Abb., kart. ●

Bruce Lees Kampfstil 3
Trainingslehre. (0503) Von B. Lee, M. Uyehara, 112 S., 246 Abb., kart. ●

Bruce Lees Kampfstil 4
Kampftechniken. (0523) Von B. Lee, M. Uyehara, 104 S., 211 Abb., kart. ●

Bruce Lees Jeet Kune Do
(0440) Von B. Lee, 192 S., mit 105 eigenhändigen Zeichnungen von B. Lee, kart. ●●

Ju-Jutsu 1
Grundtechniken – Moderne Selbstverteidigung. (0276) Von W. Heim, F. J. Gresch, 164 S., 450 s/w-Fotos, 8 Zeichnungen, kart. ●

Ju-Jutsu 2
für Fortgeschrittene und Meister. (0378) Von W. Heim, F. J. Gresch, 160 S., 798 s/w- Fotos, kart. ●●

Ju-Jutsu 3
Spezial-, Gegen- und Weiterführungs-Techniken. (0485) Von W. Heim, F. J. Gresch, 200 S., über 600 s/w-Fotos, kart. ●●

Ju-Jutsu als Wettkampf
(0826) Von G. Kulot, 168 S., 418 s/w-Fotos, 2 Zeichnungen, kart. ●●

Nunchaku
Waffe · Sport · Selbstverteidigung. (0373) Von A. Pflüger, 144 S., 247 Abb., kart. ●●

Shuriken · Tonfa · Sai
Stockfechten und andere bewaffnete Kampfsportarten aus Fernost. (0397) Von A. Schulz, 96 S., 253 s/w-Fotos, kart. ●●

Illustriertes Handbuch des Taekwondo
Koreanische Kampfkunst und Selbstverteidigung. (4053) Von K. Gil, 248 S., 1026 Abb., Pappband. ●●●

Taekwon-Do
Koreanischer Kampfsport. (0347) Von K. Gil, 152 S., 408 Abb., kart. ●●

Taekwondo perfekt 1
Die Formenschule bis zum Blaugurt. (0890) Von K. Gil, Kim Chul-Hwan, 176 S., 439 s/w-Fotos, 107 Zeichnungen, kart. ●●

Aikido
Lehren und Techniken des harmonischen Weges. (0537) Von R. Brand, 280 S., 697 Abb., kart. ●●

Kung-Fu und Tai-Chi
Grundlagen und Bewegungsabläufe. (0367) Von B. Tegner, 182 S., 370 s/w-Fotos, kart. ●●

Kung-Fu
Theorie und Praxis klassischer und moderner Stile. (0376) Von M. Pabst, 160 S., 330 Abb., kart. ●●

Shaolin-Kempo – Kung-Fu
Chinesisches Karate im Drachenstil. (0395) Von R. Czerni, K. Konrad. 246 S., 723 Abb., kart. ●●

Hap Ki Do
Grundlagen und Techniken koreanischer Selbstverteidigung. (0379) Von Kim Sou Bong, 112 S., 153 Abb., kart. ●●

Dynamische Tritte
Grundlagen für den Zweikampf. (0438) Von C. Lee, 96 S., 398 s/w-Fotos, 10 Zeichnungen, kart. ●

Kickboxen
Fitneßtraining und Wettkampfsport. (0795) Von G. Lemmens, 96 S., 208 s/w-Fotos, 23 Zeichnungen, kart. ●●

Selbstverteidigung
Abwehrtechniken für Sie und Ihn (0853) Von E. Deser, 96 S., 259 s/w-Fotos, kart. ●

Muskeltraining mit Hanteln
Leistungssteigerung für Sport und Fitness. (0676) Von H. Schulz, 108 S., 92 s/w-Fotos, 2 Zeichnungen, kart. ●

Leistungsfähiger durch Krafttraining
Eine Anleitung für Fitness-Sportler, Trainer und Athleten (0617) Von W. Kieser, 100 S., 20 s/w-Fotos, 62 Zeichnungen, kart. ●

Die Faszination athletischer Körper
Bodybuilding
mit Weltmeister Ralf Möller. (4281) Von R. Möller, 128 S., 169 Farbfotos, 14 s/w-Fotos, 1 Farbzeichnung, Pappband. ●●●●

Die hier vorgestellten Bücher, Videokassetten und Software sind in folgende Preisgruppen unterteilt:

● Preisgruppe bis DM 10,–/S 79,–
●● Preisgruppe über DM 10,– bis DM 20,– S 80,– bis S 160,–
●●● Preisgruppe über DM 20,– bis DM 30,– S 161,– bis S 240,–
●●●● Preisgruppe über DM 30,– bis DM 50,– S 241,– bis S 400,–
●●●●● Preisgruppe über DM 50,–/S 401,–
*(unverbindliche Preisempfehlung)

Die Preise entsprechen dem Status beim Druck dieses Verzeichnisses (s. Seite 1) – Änderungen, im besonderen der Preise, vorbehalten –

FALKEN

Falken-Verlag GmbH · Postfach 1120 D-6272 Niedernhausen/Ts. · Tel.: 06127/7020

Bodybuilding
Anleitung zum Muskel- und Konditionstraining für sie und ihn. (0604) Von R. Smolana. 160 S., 171 s/w-Fotos, kart. ●

Hanteltraining zu Hause
(0800) Von W. Kieser, 80 S., 71 s/w-Fotos, 4 Zeichnungen, kart. ●

Fit und gesund
Körpertraining und Bodybuilding zu Hause. (0782) Von H. Schulz, 80 S., 100 Farbfotos, 3 Zeichnungen, kart. ●●

Videokassette
Fit und gesund
(6013) VHS, Laufzeit 30 Minuten, in Farbe. ●●●●*

Bodybuilding für Frauen
Wege zu Ihrer Idealfigur (0661) Von H. Schulz, 108 S., 84 s/w-Fotos, 4 Zeichnungen, kart. ●●

Bodyshaping · Bodybuilding
Mit Anja Albrecht zur Idealfigur. (4405) Von A. Albrecht, 128 S., 164 Farbfotos, 4 s/w-Fotos, 1 Farb- und 1 s/w-Zeichnung, Pappband. ●●●●

Optimale Ernährung
für Krafttraining und Bodybuilding. (0912) Von B. Dahmen, 88 S., 8 Farbtafeln, 8 Zeichnungen, kart. ●

Top-Form im Sport
Ernährungs-Training
Das Erfolgsprogramm für den Ausdauersportler. (0945) Von M. Inzinger, Dipl.-Oec. troph. G. Wagner, 160 S., 31 Farbzeichnungen, 16 Grafiken, kart. ●●

Gesund und leistungsfähig durch
Konditionsübungen, Fitneßtraining, Wirbelsäulengymnastik
(0844) Von R. Milser, K. Grafe, 104 S., 99 Farbfotos, 12 Farbzeichnungen, 5 s/w-Zeichnungen, kart. ●●

Stretching
Mit Dehnungsgymnastik zu Entspannung, Geschmeidigkeit und Wohlbefinden. (0717) Von H. Schulz, 80 S. 90 s/w-Fotos, kart. ●

Isometrisches Training
Übungen für Muskelkraft und Entspannung. (0529) Von L. M. Kirsch, 140 S., 162 s/w-Fotos, kart. ●

Gesund und fit durch Gymnastik
(0366) Von H. Pilss-Samek, 132 S., 150 Abb., kart. ●

Spaß am Laufen
Jogging für die Gesundheit. (0470) Von W. Sonntag, 140 S., 41 s/w-Fotos, 1 Zeichnung, kart. ●

Mein bester Freund, der Fußball
(5107) Von D. Brüggemann, D. Albrecht, 144 S., 171 Abb., kart. ●●

Fußball
Training und Wettkampf. (0448) Von H. Obermann, P. Walz, 166 S., 92 s/w-Fotos, 15 Zeichnungen, 29 Diagramme, kart. ●●

Handball
Technik · Taktik · Regeln. (0426) Von F. und P. Hattig, 128 S., 91 s/w-Fotos, 121 Zeichnungen, kart. ●●

Volleyball
Technik · Taktik · Regeln. (0351) Von H. Huhle, 104 S., 330 Abb., kart. ●

Badminton
Technik · Taktik · Training. (0699) Von K. Fuchs, L. Sologub, 168 S., 51 Abb., kart., ●●

Die neue Tennis-Praxis
Der individuelle Weg zu erfolgreichem Spiel. (4097) Von R. Schönborn, 240 S., 202 Farbzeichnungen, 31 s/w-Abb., Pappband. ●●●●

Erfolgreiche Tennis-Taktik
(4086) Von R. Ford Greene, übersetzt von M. R. Fischer, 182 S., 87 Abb., kart. ●●

Moderne Tennistechnik
(4187) Von G. Lam, 192 S., 339 s/w-Fotos, 91 Zeichnungen, kart. ●●●

Tennis
Technik · Taktik · Regeln. (0375) Von H. Elschenbroich, 112 S., 81 Abb., kart. ●

Tischtennis-Technik
Der individuelle Weg zu erfolgreichem Spiel. (0775) Von M. Perger, 144 S., 296 Abb. kart. ●●

Squash
Ausrüstung · Technik · Regeln. (0539) Von D. von Horn, H.-D. Stünitz, 96 S., 55 s/w-Fotos, 25 Zeichnungen, kart. ●

Golf
Ausrüstung · Technik · Regeln. (0343) Von J. C. Jessop, übersetzt von H. Biemer, mit einem Vorwort von H. Krings, Präsident des Deutschen Golf-Verbandes, 160 S., 65 Abb., Anhang Golfregeln des DGV, kart. ●●

Pool-Billard
(0484) Herausgegeben vom Deutschen Pool- Billard-Bund, von M. Bach, K.-W. Kühn, 104 S., mit über 64 Abb., kart. ●

Sportschießen
für jedermann. (0502) Von A. Kovacic, 124 S., 116 s/w-Fotos, kart. ●●

Fechten
Florett · Degen · Säbel. (0449) Von E. Beck, 88 S., 185 Fotos, 10 Zeichnungen, kart. ●●

Wir lernen tanzen
Standard- und lateinamerikanische Tänze. (0200) Von E. Fern, 168 S., 118 s/w-Fotos, 47 Zeichnungen, kart. ●

So tanzt man Rock'n'Roll
Grundschritte · Figuren · Akrobatik. (0573) Von W. Steuer und G. Marz, 224 S., 303 Abb., kart. ●●

Tanzen überall
Discofox, Rock'n'Roll, Blues, Langsamer Walzer, Cha-Cha-Cha zum Selberlernen. (0760) Von H. M. Pritzer, 112 S., 128 Farbfotos, kart. ●●

Anmutig und fit durch
Bauchtanz
(0911) Von Marta, 120 S., 229 Farbfotos, 6 s/w-Zeichnungen, kart. ●●

Fit mit **Stretching**
(2304) Von B. Kurz, 96 S., 255 Farbfotos, kart. ●●

Fit mit **Tai Chi**
als sanfte Körpererfahrung
(2305) Von B. u. K. Moegling, 112 S., 121 Farbfotos, 6 Farb- u. 4 s/w-Zeichnungen, kart. ●●

Fit mit **Volleyball**
(2302) Von Dr. A. Scherer, 104 S., 27 Farb- und 1 s/w-Foto, 12 Farb- und 29 s/w-Zeichnungen, kart. ●●

Fit mit **Tanzen**
(2303) Von K. Richter, H. Kleinow, 88 S., 94 Farbfotos, kart. ●●

Fit mit **Karate**
(2308) Von A. Pflüger, 96 S., 134 Farbfotos, 4 s/w-Zeichnungen, kart. ●●

Funboard-Surfen
Material · Technik · Regatten · Internationale Reviere. (4297) Von J. Evans, 144 S., 106 Farbfotos, 9 Farbzeichnungen, 68 zweifarbige und 5 s/w-Zeichnungen, kart. ●●●

Segeln
Der neue Grundschein – Vorstufe zum A-Schein – Mit Prüfungsfragen. (5147) Von C. Schmidt, 80 S., 8 Farbtafeln, 18 Farbfotos, 82 Zeichnungen, kart., ●●

Falken-Handbuch
Angeln
in Binnengewässern und im Meer. (4090) Von H. Oppel, 344 S., 24 Farbtafeln, 66 s/w-Fotos, 151 Zeichnungen, gebunden. ●●●●

Angeln
Kleine Fibel für den Sportfischer. (0198) Von E. Bondick, 96 S., 116 Abb., kart. ●

Sportfischen
Fische – Geräte – Techniken. (0324) Von H. Oppel, 144 S., 49 s/w-Fotos, 8 Farbtafeln, kart. ●

Sporttauchen
Theorie und Praxis des Gerätetauchens. (0647) Von S. Müßig, 144 S., 8 Farbtafeln, 35 s/w-Fotos, 89 Zeichnungen, kart. ●●

Ski-Gymnastik
Fit für Piste und Loipe. (0450) Von H. Pilss-Samek, 104 S., 67 s/w-Fotos, 20 Zeichnungen, kart. ●

Alpiner Skisport
Ausrüstung · Techniken · Skigymnastik. (5130) Von K. Meßmann, 128 S., 8 Farbtafeln, 93 s/ w-Fotos, 45 Zeichnungen, kart. ●●

Skilanglauf, Skiwandern
Ausrüstung · Techniken · Skigymnastik. (5129) Von T. Reiter und R. Kerler, 80 S., 8 Farbtafeln, 85 Zeichnungen und s/w-Fotos, kart. ●●

Eishockey
Lauf- und Stocktechnik, Körperspiel, Taktik, Ausrüstung und Regeln. (0414) Von J. Čapla, 264 S., 548 s/w-Fotos, 163 Zeichnungen, kart. ●●

Fibel für Kegelfreunde
Sport- und Freizeitkegeln · Bowling. (0191) Von G. Bocsai, 72 S., 62 Abb., kart. ●

Beliebte und neue Kegelspiele
(0271) Von G. Bocsai, 92 S., 62 Abb., kart. ●

111 spannende Kegelspiele
(2031) Von H. Regulski, 88 S., 53 Zeichnungen, kart., ●

Schach

Einführung in das Schachspiel
(0104) Von W. Wollenschläger und K. Colditz, 92 S., 116 Diagramme, kart. ●

Falken-Handbuch **Schach**
(4051) Von T. Schuster, 360 S., über 340 Diagramme, gebunden. ●●●●

Spielend Schach lernen
(2002) Von T. Schuster, 128 S., kart. ●

Kinder- und Jugendschach
Offizielles Lehrbuch des Deutschen Schachbundes zur Erringung der Bauern-, Turm- und Königsdiplome. (0561) Von B. J. Withuis, H. Pfleger, 144 S., 220 Zeichnungen und Diagramme, kart. ●●

Neue Schacheröffnungen
(0478) Von T. Schuster, 108 S., 100 Diagramme, kart. ●

Die hier vorgestellten Bücher, Videokassetten und Software sind in folgende Preisgruppen unterteilt:

● Preisgruppe bis DM 10,–/S 79,–
●● Preisgruppe über DM 10,– bis DM 20,– S 80,– bis S 160,–
●●● Preisgruppe über DM 20,– bis DM 30,– S 161,– bis S 240,–
●●●● Preisgruppe über DM 30,– bis DM 50,– S 241,– bis S 400,–
●●●●● Preisgruppe über DM 50,–/S 401,–
*(unverbindliche Preisempfehlung)

Die Preise entsprechen dem Status beim Druck dieses Verzeichnisses (s. Seite 1) – Änderungen, im besonderen der Preise, vorbehalten –

Schach für Fortgeschrittene
Taktik und Probleme des Schachspiels. (0219) Von R. Teschner, 96 S., 85 Diagramme, kart. ●

Taktische Schachendspiele
(0752) Von J. Nunn, 200 S., 151 Diagramme, kart. ●●

Die Schach-Revanche
Kasparow/Karpow 1986. (0831) Von O. Borik, H. Pfleger, M. Kipp-Thomas, 144 S., 19 s/w-Fotos, 72 Diagramme, kart. ●●

Schachstrategie
Ein Intensivkurs mit Übungen und ausführlichen Lösungen. (0584) Von A. Koblenz, dt. Bearb. von K. Colditz, 212 S., 240 Diagramme, kart. ●●

Schachtraining mit den Großmeistern
(0670) Von H. Bouwmeester, 128 S., 90 Diagramme, kart. ●●

Schach als Kampf
Meine Spiele und mein Weg. (0729) Von G. Kasparow, 144 S., 95 Diagramme, 9 s/w-Fotos, kart. ●●

Helmut Pflegers
Schachkabinett
Amüsante Aufgaben – überraschende Lösungen. (0877) Von H. Pfleger, 160 S., 118 Diagramme, kart. ●●

Die besten Partien deutscher Schachgroßmeister
(4121) Von H. Pfleger, 192 S., 29 s/w-Fotos, 89 Diagramme, Pappband. ●●●

Lehr-, Übungs- und Testbuch der Schachkombinationen
(0649) Von K. Colditz, 184 S., 227 Diagramme, kart. ●●

Die hohe Schule der
Schachkombination
(0920) Von W. Golz, P. Keres, 272 S., 322 Diagramme, Pappband. ●●

Offizielles Lehrbuch des Deutschen Schachbundes
Das systematische Schachtraining
Trainingsmethoden, Strategien und Kombinationen. (0857) Von Sergiu Samarian, 152 S., 159 Diagramme, 1 Zeichnung, kart. ●●

So denkt ein Schachmeister
Strategische und taktische Analysen. (0915) Von H. Pfleger, G. Treppner, 120 S., 75 Diagramme, kart. ●●

FALKEN-SOFTWARE
Das komplette Schachprogramm
Spielen, Trainieren, Problemlösen mit dem Computer. (7006) Von J. Egger, Diskette für C 64, C 128 PC, mit Begleitheft. ●●●●●*

Zug um Zug
Schach für jedermann 1
Offizielles Lehrbuch des Deutschen Schachbundes zur Erringung des Bauerndiploms. (0648) Von H. Pfleger, E. Kurz, 80 S., 24 s/w-Fotos, 8 Zeichnungen, 60 Diagramme, kart. ●

Zug um Zug
Schach für jedermann 2
Offizielles Lehrbuch des Deutschen Schachbundes zur Erringung des Turmdiploms. (0659) Von H. Pfleger, E. Kurz, 132 S., 8 s/w-Fotos, 14 Zeichnungen, 78 Diagramme, kart. ●

Zug um Zug
Schach für jedermann 3
Offizielles Lehrbuch des Deutschen Schachbundes zur Erringung des Königdiploms. (0728) Von H. Pfleger, G. Treppner, 128 S., 4 s/w-Fotos, 84 Diagramme, 10 Zeichnungen, kart. ●

Zug um Zug
Schach für jedermann 1
(7015) Wendediskette für C 64/C 128 PC, mit Begleitheft. ●●●●*
(7005) Wendediskette für Atari ST 520/1040, mit Begleitheft. ●●●●●*

Schach mit dem Computer
(0747) Von D. Frickenschmidt, 140 S., 112 Diagramme, 29 s/w-Fotos, 5 Zeichnungen, kart. ●●

Spiele und Denksport

Kartenspiele
(2001) Von C. D. Grupp, 144 S., kart. ●

Neues Buch der siebzehn und vier Kartenspiele
(0095) Von K. Lichtwitz, 96 S., kart. ●

Alles über Pokern
Regeln und Tricks. (2024) Von C. D. Grupp, 112 S., 29 Kartenbilder, kart. ●

Rommé und Canasta
in allen Variationen. (2025) Von C. D. Grupp, 124 S., 24 Zeichnungen, kart., ●

Schafkopf, Doppelkopf, Binokel, Cego, Gaigel, Jaß, Tarock und andere „Lokalspiele".
(2015) Von C. D. Grupp, 152 S., kart. ●●

Spielend Skat lernen
unter freundlicher Mitarbeit des Deutschen Skatverbandes. (2005) Von Th. Krüger, 156 S., 181 s/w-Fotos, 22 Zeichnungen, kart. ●

Das Skatspiel
Eine Fibel für Anfänger. (0206) Von K. Lehnhoff, überarb. von P. A. Höfges, 96 S., kart. ●

Black Jack
Regeln und Strategien des Kasinospiels. (2032) Von K. Kelbratowski, 88 S., kart. ●

Falken-Handbuch **Patiencen**
Die 111 interessantesten Auslagen. (4151) Von U. v. Lyncker, 216 S., 108 Abbildungen, Pappband. ●●●

Patiencen
in Wort und Bild. (2003) Von I. Wolter, 136 S., kart. ●

Neue Patienten
(2036) Von H. Sosna, 160 S., 43 Farbtafeln, kart. ●●

Falken-Handbuch **Bridge**
Von den Grundregeln zum Turnierspiel. (4092) Von W. Voigt und K. Ritz, 280 S., 792 Zeichnungen, gebunden. ●●●●

Spielend Bridge lernen
(2012) Von J. Weiss, 108 S., 58 Zeichnungen, kart. ●

Spieltechnik im Bridge
(2004) Von V. Mollo und N. Gardener, deutsche Adaption von D. Schröder, 216 S., kart. ●●

Besser Bridge spielen
Reiztechnik, Spielverlauf und Gegenspiel. (2026) Von J. Weiss, 144 S., 60 Diagramme, kart. ●●

Herausforderung im Bridge
200 Aufgaben mit Lösungen. (2033) Von V. Mollo, 152 S., kart. ●●

Präzisions-Treff im Bridge
(2037) Von E. Jannersten, 152 S., kart. ●●

Kartentricks
(2010) Von T. A. Rosee, 80 S., 13 Zeichnungen, kart. ●

Mah-Jongg
Das chinesische Glücks-, Kombinations- und Gesellschaftsspiel. (2030) Von U. Eschenbach, 80 S., 30 s/w-Fotos, 5 Zeichnungen, kart. ●

Neue Kartentricks
(2027) Von K. Pankow, 104 S., 20 Abb., kart. ●

Backgammon
für Anfänger und Könner. (2008) Von G. W. Fink und G. Fuchs, 116 S., 41 Abb., kart. ●

Würfelspiele
für jung und alt. (2007) Von F. Pruss, 112 S., 21 s/w-Zeichnungen, kart. ●

Gesellschaftsspiele
für drinnen und draußen. (2006) Von H. Görz, 128 S., kart. ●

Spiele für Party und Familie
(2014) Von Rudi Carrell, 160 S., 50 Abb., kart. ●

Das japanische Brettspiel Go
(2020) Von W. Dörholt, 104 S., 182 Diagramme, kart. ●

Roulette richtig gespielt
Systemspiele, die Vermögen brachten. (0121) Von M. Jung, 96 S., zahlreiche Tabellen, kart. ●

Spielend Roulette lernen
(2034) Von E. P. Caspar, 152 S., 1 s/w-Foto, 45 Zeichnungen, kart. ●●

Gesellschaftsspiele
für drinnen und draußen. (2006) Von H. Görz, 128 S., kart. ●

Spiele für Party und Familie
(2014) Von Rudi Carrel, 160 S., 50 Abb. kart. ●

Neue Spiele für Ihre Party
(2022) Von G. Blechner, 120 S., 54 Zeichnungen, kart. ●

Lustige Tanzspiele und Scherztänze
für Partys und Feste. (0165) Von E. Bäulke, 80 S., 53 Abb., kart. ●

Straßenfeste, Flohmärkte und Basare
Praktische Tips für Organisation und Durchführung. (0592) Von H. Schuster, 96 S., 52 Fotos, 17 Zeichnungen, kart. ●●

Zaubertricks für jedermann
(0282) Von J. Merlin, 176 S., 113 Abb., kart. ●●

Zaubern
einfach - aber verblüffend. (2018) Von D. Bouch, 84 S., 41 Zeichnungen, kart. ●

Magische Zaubereien
(0672) Von Widenmann, 64 S., 31 Zeichnungen, kart. ●

Kinderspiele
die Spaß machen. (2009) Von H. Müller-Stein, 112 S., 28 Abb., kart. ●

Spiele für Kleinkinder
(2011) Von D. Kellermann, 80 S., 23 Abb., kart. ●

Spiel und Spaß am Krankenbett
für Kinder und die ganze Familie. (2035) Von H. Bücken, 104 S., 97 Zeichnungen, kart. ●

Die hier vorgestellten Bücher, Videokassetten und Software sind in folgende Preisgruppen unterteilt:

● Preisgruppe bis DM 10,–/S 79,–
●● Preisgruppe über DM 10,– bis DM 20,– S 80,– bis S 160,–
●●● Preisgruppe über DM 20,– bis DM 30,– S 161,– bis S 240,–
●●●● Preisgruppe über DM 30,– bis DM 50,– S 241,– bis S 400,–
●●●●● Preisgruppe über DM 50,–/S 401,–
*(unverbindliche Preisempfehlung)

Die Preise entsprechen dem Status beim Druck dieses Verzeichnisses (s. Seite 1) – Änderungen, im besonderen der Preise, vorbehalten –

Kasperletheater
Spieltexte und Spielanleitungen · Basteltips für Theater und Puppen. (0641) Von U. Lietz, 136 S., 4 Farbtafeln, 12 s/w-Fotos, 39 Zeichnungen, kart. ●

Knobeleien und Denksport
(2019) Von K. Rechberger, 142 S., 105 Zeichnungen, kart. ●

Das Geheimnis der magischen Ringe
Alles über das Puzzle vom Würfel-Erfinder. Die schönsten Figuren. (0878) Von Dr. Ch. Bandelow, 96 S., 198 Zeichnungen, 8 Cartoons, kart. ●

Quiz
Mehr als 1500 ernste und heitere Fragen aus allen Gebieten. (0129) Von R. Sautter und W. Pröve, 92 S., 9 Zeichnungen, kart. ●

500 Rätsel selberraten
(0681) Von E. Krüger, 272 S., kart. ●

501 Rätsel selberraten
(0711) Von E. Krüger, 272 S., kart. ●

Riesen-Kreuzwort-Rätsel-Lexikon
über 250.000 Begriffe. (4197) Von H. Schiefelbein, 1024 S., Pappband. ●●●

Das Super-Kreuzwort-Rätsel-Lexikon
Über 150.000 Begriffe. (4279) Von H. Schiefelbein, 688 S., Pappband. ●●

Guten Tag, Kinder!
Neue Texte mit Spielanleitungen fürs Kasperletheater. (0861) Von U. Lietz, 96 S., 18 s/w-Zeichnungen, kart. ●

Kindergeburtstag
Vorbereitung, Spiel und Spaß. (0287) Von Dr. I. Obrig, 136 S., 40 Abb., 11 Zeichnungen, 9 Lieder mit Noten, kart. ●

Kindergeburtstage die keiner vergißt
Planung, Gestaltung, Spielvorschläge. (0698) Von G. und G. Zimmermann, 102 S., 80 Vignetten, kart. ●

Kinderfeste
daheim und in Gruppen. (4033) Von G. Blechner, 240 S., 320 Abb., kart. ●●

Scherzfragen, Drudel und Blödeleien
gesammelt von Kindern. (0506) Hrsg. von W. Pröve, 112 S., 57 Zeichnungen, kart. ●

Humor und Unterhaltung

Heitere Vorträge und witzige Reden
Lachen, Witz und gute Laune. (0149) Von E. Müller, 104 S., 44 Abb., kart. ●

Heitere Vorträge
(0528) Von E. Müller, 128 S., 14 Zeichnungen, kart. ●

Die große Lachparade
Neue Texte für heitere Vorträge und Ansagen. (0188) Von E. Müller, 80 S., kart. ●

So feiert man Feste fröhlicher
Heitere Vorträge und Gedichte. (0098) Von Dr. Allos, 96 S., 15 Abb., kart. ●

Lustige Vorträge für fröhliche Feiern
(0284) Von K. Lehnhoff, 96 S., kart. ●

Vergnügliches Vortragsbuch
(0091) Von J. Plaut, 192 S., kart. ●

Humor und Stimmung
Ein heiteres Vortragsbuch. (0460) Von G. Wagner, 112 S., kart. ●

Humor und gute Laune
Ein heiteres Vortragsbuch. (0635) Von G. Wagner, 112 S., 5 Zeichnungen, kart. ●

Gereimte Vorträge
für Bühne und Bütt. (0567) Von G. Wagner, 96 S., kart. ●

Damen in der Bütt
Scherze, Büttenreden, Sketsche. (0354) Von T. Müller, 136 S., kart. ●

Narren in der Bütt
Leckerbissen aus dem rheinischen Karneval. (0216) Zusammengestellt von T. Lücker, 112 S., kart. ●

Rings um den Karneval
Karnevalsscherze und Büttenreden. (0130) Von Dr. Allos, 144 S., 2 Zeichnungen, kart. ●●

Helau und Alaaf 1
Närrisches aus der Bütt. (0304) Von E. Müller, 112 S., 4 Zeichnungen, kart. ●

Helau und Alaaf 2
Neue Büttenreden. (0477) Von E. Luft, 104 S., kart. ●

Helau und Alaaf 3
Neue Reden für die Bütt. (0832) Von H. Fauser, 144 S., 13 Zeichnungen, kart. ●

Wir feiern Karneval
Festgestaltung und Reden für die närrische Zeit. (0904) Von M. Zweigler, 120 S., 4 Zeichnungen, kart. ●

Tolle Sketche
mit zündenden Pointen – zum Nachspielen. (0656) Von E. Cohrs, 112 S., kart. ●

Vergnügliche Sketche
(0476) Von H. Pillau, 96 S., 7 Zeichnungen, kart. ●

Fidele Sketche und heitere Vorträge
Humor zum Nachspielen. (0157) Von H. Ehnle. 96 S., kart. ●

Vorhang auf!
Neue Sketche für jung und alt. (0898) Von H. Pillau, 96 S., 22 Zeichnungen, kart. ●

Sketche und spielbare Witze
für bunte Abende und andere Feste. (0445) Von H. Friedrich, 120 S., 7 Zeichnungen, kart. ●

Sketche
Kurzspiele zu amüsanter Unterhaltung. (0247) Von M. Gering, 132 S., 16 Abb., kart., ●

Witzige Sketche zum Nachspielen
(0511) Von D. Hallervorden, 160 S., kart. ●●

Sketche und Blackouts zum Nachspielen
(0941) Von E. Cohrs, 112 S., 12 Zeichnungen, kart. ●

Locker vom Hocker
Witzige Sketche zum Nachspielen. (4262) Von W. Giller, 144 S., 41 Zeichnungen, Pappband. ●●

Phantasievolles Schminken
Verzauberte Gesichter für Maskeraden, Laienspiel und Kinderfeste. (0907) Hrsg. von Y. u. H. Nadolny, 64 S., 227 Farbfotos, kart. ●●

Die Kleidermotte ernährt sich von nichts, sie frißt nur Löcher
Stilblüten, Sprüche und Widersprüche aus Schule, Zeitung, Rundfunk und Fernsehen. (0738) Von P. Haas, D. Kroppach, 112 S., zahlreiche Abb. kart. ●

Da lacht das Publikum
Neue lustige Vorträge für viele Gelegenheiten. (0716) Von H. Schmalenbach, 104 S., kart. ●

Witzig, witzig
(0507) Von E. Müller, 128 S., 16 Zeichnungen, kart. ●

Die besten Witze und Cartoons des Jahres 1
(0454) Hrsg. von K. Hartmann, 288 S., 125 Zeichnungen, geb. ●●

Die besten Witze und Cartoons des Jahres 4
(0579) Hrsg. von K. Hartmann, 288 S., 140 Zeichnungen, Pappband. ●●

Die besten Witze und Cartoons des Jahres 5
(0642) Hrsg. von K. Hartmann, 288 S., 88 Zeichnungen, Pappband. ●●

Die besten Witze und Cartoons des Jahres 6
(0916) Hrsg. von D. Kroppach, 288 S., 84 Zeichnungen, Pappband. ●●

Das Superbuch der Witze
(4146) Von B. Bornheim, 504 S., 54 Cartoons, Pappband. ●●

Witze
Lachen am laufenden Band (4241) Von J. Burkert, D. Kroppach, 400 S., 41 Zeichnungen, Pappband. ●●

Heller Wahnwitz
(0887) Von D. Kroppach, 220 S., 200 Vignetten, kart. ●

Spaßvögel
Über sexhundert komische Nummern. (0888) Von E. Zeller, mit Limericks von W. Müller, 220 S., 200 Vignetten, kart. ●

Total bescheuert
Kinder- und Schülerwitze. (0889) Von G. Geßner und E. Zeller, 220 S., 200 Vignetten, kart. ●

Die besten Beamtenwitze
(0574) Hrsg. von W. Pröve, 112 S., 59 Cartoons, kart. ●

Die besten Kalauer
(0705) Von K. Frank, 112 S., 12 Zeichnungen, kart., ●

Robert Lembkes Witzauslese
(0325) Von Robert Lembke, 160 S., 10 Zeichnungen von E. Köhler, Pappband. ●●

Fred Metzlers Witze mit Pfiff
(0368) Von F. Metzler, 112 S., kart. ●

O frivol ist mir am Abend
Pikante Witze von Fred Metzler. (0388) Von F. Metzler, 128 S., mit Karikaturen, kart. ●

Herrenwitze
(0589) Von G. Wilhelm, 112 S., 31 Zeichnungen, kart. ●

Witze am laufenden Band
(0461) Von F. Asmussen, 118 S., kart. ●

Horror zum Totlachen
Gruselwitze
(0536) Von F. Lautenschläger, 96 S., 44 Zeichnungen, kart. ●

Die besten Ostfriesenwitze
(0495) Hrsg. von O. Freese, 80 S., 15 Zeichnungen, kart. ●

Olympische Witze
Sportlerwitze in Wort und Bild. (0505) Von W. Willnat, 112 S., 126 Zeichnungen, kart. ●

Ich lach mich kaputt! Die besten Kinderwitze
(0545) Von E. Hannemann, 128 S., 15 Zeichnungen, kart. ●

Die hier vorgestellten Bücher, Videokassetten und Software sind in folgende Preisgruppen unterteilt:

● Preisgruppe bis DM 10,–/S 79,–
●● Preisgruppe über DM 10,– bis DM 20,–/S 80,– bis S 160,–
●●● Preisgruppe über DM 20,– bis DM 30,–/S 161,– bis S 240,–
●●●● Preisgruppe über DM 30,– bis DM 50,–/S 241,– bis S 400,–
●●●●● Preisgruppe über DM 50,–/S 401,–
*(unverbindliche Preisempfehlung)

Die Preise entsprechen dem Status beim Druck dieses Verzeichnisses (s. Seite 1) – Änderungen, im besonderen der Preise, vorbehalten –

FALKEN

Lach mit!
Witze für Kinder, gesammelt von Kindern. (0468) Hrsg. von W. Pröve, 96 S., 17 Zeichnungen, kart. ●

Die besten Kinderwitze
(0757) Von K. Rank, 112 S., 28 Zeichnungen, kart. ●

Lustige Sketche für Jungen und Mädchen
Kurze Theaterstücke für Jungen und Mädchen. (0669) Von U. Lietz und U. Lange, 104 S., kart. ●

Spielbare Witze für Kinder
(0824) Von H. Schmalenbach, 128 S., 30 Zeichnungen, kart. ●

Garten, Tiere, Umwelt

Garten heute
Der moderne Ratgeber · Über 1000 Farbbilder. (4283) Von H. Jantra, 384 S., über 1000 Farbabbildungen, Pappband. ●●●

Das Gartenjahr
Arbeitsplan für den Hobbygärtner. (4075) Von G. Bambach, 152 S., 16 Farbtafeln, 141 Abb., kart. ●●

Gärtner Gustavs Gartenkalender
Arbeitspläne · Pflanzenporträts · Gartenlexikon. (4155) Von G. Schoser, 120 S., 146 Farbfotos, 13 Tabellen, 203 farbige Zeichnungen, Pappband. ●●●

Der richtige Schnitt von Obst- und Ziergehölzen, Rosen und Hecken
(0619) Von E. Zettl, 88 S., 8 Farbtafeln, 39 Zeichnungen, 21 s/w-Fotos, kart. ●

Blumenpracht im Garten
(5014) Von I. Manz, 64 S., 93 Farbfotos, Pappband. ●●

Blütenpracht in Haus und Garten
(4145) Von M. Haberer, u. a., 352 S., 1012 Farbfotos, Pappband. ●●●●

Sag's mit Blumen
Pflege und Arrangieren von Schnittblumen. (5103) Von P. Möhring, 64 S., 68 Farbfotos, 2 s/w-Abb., Pappband. ●●

Grabgestaltung
Bepflanzung und Pflege zu jeder Jahreszeit. (5120) Von N. Uhl, 64 S., 77 Farbfotos, 2 Zeichnungen, Pappband. ●●

Wintergärten
Das Erlebnis, mit der Natur zu wohnen. Planen, Bauen und Gestalten. (4256) Von LOG, ID, 136 S., 130 Farbfotos, 107 Zeichnungen, Pappband. ●●●●

Häuser in lebendigem Grün
Fassaden und Dächer mit Pflanzen gestalten. (0846) Von U. Mehl, K. Werk, 88 S., 116 Farbfotos, 4 Farb- und 17 s/w-Zeichnungen, kart. ●●

Rund ums Jahr erfolgreich gärtnern
Gewächshäuser
planen · bauen · einrichten · nutzen. (4408) Von Dr. G. Schoser, J. Wolff, 232 S., 315 Farbfotos, 5 s/w-Fotos, 53 Farbzeichnungen, Pappband. ●●●●●

Gartenteiche und Wasserspiele
planen, anlegen und pflegen. (4083) Von H. R. Sikora, 160 S., 31 Farb- und 31 s/w-Fotos, 73 Zeichnungen, Pappband. ●●●

Wasser im Garten
Von der Vogeltränke zum Naturteich – Natürliche Lebensräume selbst gestalten. (4230) Von H. Hendel, P. Keßeler, 240 S., 247 Farbfotos, 68 Farbzeichungen, Pappband. ●●●●●

Mein kleiner Gartenteich
planen – anlegen – pflegen (0851) Von I. Polaschek, 144 S., 85 Farbfotos, 10 Farbzeichnungen, kart. ●●

Leben im Naturgarten
Der Biogärtner und seine gesunde Umwelt. (4124) Von N. Jorek, 128 S., 68 s/w-Fotos, kart. ●●

So wird mein Garten zum Biogarten
Alles über die Umstellung auf naturgemäßen Anbau. (0706) Von I. Gabriel, 128 S., 73 Farbfotos, 54 Farbzeichnungen, kart. ●●

Gesunde Pflanzen im Biogarten
Biologische Maßnahmen bei Schädlingsbefall und Pflanzenkrankheiten. (0707) Von I. Gabriel, 128 S., 126 Farbfotos, 12 Farbzeichnungen, kart. ●●

Kosmische Einflüsse auf unsere Gartenpflanzen
Sterne beeinflussen Wachstum und Gesundheit der Pflanzen. (0708) Von I. Gabriel, 112 S., 57 Farbfotos, 43 Farbzeichnungen, kart. ●●

Der Biogarten unter Glas und Folie
Ganzjährig erfolgreich ernten. (0722) Von I. Gabriel, 128 S., 62 Farbfotos, 45 Farbzeichnungen, kart. ●●

Obst und Beeren im Biogarten
Gesunde und schmackhafte Früchte durch natürlichen Anbau. (0780)Von I. Gabriel, 128 S., 38 Farbfotos, 71 Farbzeichungen, kart. ●●

Kräuter und Heilpflanzen im Biogarten
Gesunde Ernte durch natürlichen Anbau. (0929) Von I. Gabriel, 112 S., 63 Farbfotos, 19 Farbzeichnungen, kart. ●●

Neuanlage eines Biogartens
Planung, Bodenvorbeitung, Gestaltung. (0721) Von I. Gabriel, 128 S., 73 Farbfotos, 39 Zeichnungen, kart. ●●

Der biologische Zier- und Wohngarten
Planen, Vorbereiten, Bepflanzen und Pflegen. (0748) Von I. Gabriel, 128 S., 72 Farbfotos, 46 Farbzeichnungen, kart. ●●

Gemüse im Biogarten
Gesunde Ernte durch naturgemäßen Anbau (0830) Von I. Gabriel, 128 S., 26 Farbfotos, 86 Farbzeichnungen, kart. ●●

Erfolgreich gärtnern
durch naturgemäßen Anbau (4252) Von I. Gabriel, 416 S., 176 Farbfotos, 212 Farbzeichnungen, Pappband. ●●●

Das Bio-Gartenjahr
Arbeitsplan für naturgemäßes Gärtnern. (4169) Von N. Jorek, 128 S., 8 Farbtafeln, 70 s/w-Abb. kart. ●●

Selbstversorgung aus dem eigenen Anbau
Reichen Erntesegen verwerten und haltbar machen. (4182) Von M. Bustorf-Hirsch, M. Hirsch, 216 S., 270 Zeichnungen, Pappband. ●●●

Mischkultur im Nutzgarten
Mit Jahreskalender und Anbauplänen. (0651) Von H. Oppel, 112 S., 8 Farbtafeln, 23 s/w- Fotos, 29 Zeichnungen, kart. ●

Erfolgreich gärtnern mit
Frühbeet und Folie
(0828) Von Dr. Gustav Schoser, 88 S., 8 Farbtafeln, 46 s/w-Fotos, kart. ●

Erfolgstips für den Gemüsegarten
Mit naturgemäßem Anbau zu höherem Ertrag. (0674) Von F. Mühl, 80 S., 30 s/w-Fotos, 4 Zeichnungen, kart. ●

Erfolgstips für den Obstgarten
Gesunde Früchte durch richtige Sortenwahl und Pflege. (0827) Von F. Mühl, 184 S., 16 Farbtafeln, 33 Zeichnungen, kart. ●●

Erfolgstips für den Zierkarten
Schmuckpflanzen und Rasen richtig pflegen. (0930) Von F. Mühl, 156 S., 12 Farbtafeln, 26 s/w–Zeichnungen, kart. ●●

Gemüse, Kräuter, Obst aus dem Balkongarten – Erfolgreich ernten auf kleinstem Raum. (0694) Von S. Stein, 32 S., 34 Farbfotos, 6 Zeichnungen, Spiralbindung kart. ●

Keime, Sprossen, Küchenkräuter
am Fenster ziehen – rund ums Jahr. (0658) Von F. und H. Jantzen, 32 S., 55 Farbfotos, Pappband. ●

Balkons in Blütenpracht
zu allen Jahreszeiten. (5047) Von N. Uhl, 64 S., 80 Farbfotos, Pappband. ●●

Kletterpflanzen
Rankende Begrünung für Fassade, Balkon und Garten. (5140) Von M. Haberer, 64 S., 70 Farbabb., 2 Zeichnungen, Pappband. ●●

Mein Kräutergarten rund ums Jahr
Täglich schnittfrisch und gesund würzen. (4192) Von Prof. Dr. G. Lysek, 136 S., 15 Farbtafeln, 91 Zeichnungen, kart. ●●

Blühende Zimmerpflanzen
94 Arten mit Pflegeanleitungen. (5010) Von R. Blaich, 64 S., 107 Farbfotos, Pappband. ●●

Prof. Stelzers grüne Sprechstunde
Gesunde Zimmerpflanzen
Krankheiten erkennen und behandeln · Mit neuem Diagnosesystem. (4274) Von Prof. Dr. G. Stelzer, 192 S., 410 Farbfotos, 10 s/w-Zeichnungen, Pappband. ●●●●

365 Erfolgstips für schöne Zimmerpflanzen
(0893) Von H. Jantra, 144 S., 215 Farbfotos, kart. ●●

Videokassette
Pflanzenjournal
Blumen- und Pflanzenpflege im Jahreslauf. (6036) VHS, ca. 30 Min., in Farbe. ●●●●*

Blütenpracht in Grolit 2000
Der neue, mühelose Weg zu farbenprächtigen Zimmerpflanzen. (5127) Von G. Vocke, 64 S., 50 Farbfotos, Pappband. ●●

Ziergräser
Über 100 Arten erfolgreich kultivieren. (0829) Von H. Jantra, 104 S., 73 Farbfotos, 6 Farbzeichnungen, kart. ●●

Bonsai
Japanische Miniaturbäume und Miniaturlandschaften. Anzucht, Gestaltung und Pflege. (4091) Von B. Lesniewicz, 160 S., 106 Farbfotos, 46 s/w-Fotos, 115 Zeichnungen, gebunden. ●●●●●

Zimmerbäume, Palmen und andere Blattpflanzen
Standort, Pflege, Vermehrung, Schädlinge. (5111) Von G. Schoser, 96 S., 98 Farbfotos, 7 Zeichnungen, Pappband. ●●

Die hier vorgestellten Bücher, Videokassetten und Software sind in folgende Preisgruppen unterteilt:

● Preisgruppe bis DM 10,–/S 79,–
●● Preisgruppe über DM 10,– bis DM 20,– S 80,– bis S 160,–
●●● Preisgruppe über DM 20,– bis DM 30,– S 161,– bis S 240,–
●●●● Preisgruppe über DM 30,– bis DM 50,– S 241,– bis S 400,–
●●●●● Preisgruppe über DM 50,–/S 401,–
*(unverbindliche Preisempfehlung)

Die Preise entsprechen dem Status beim Druck dieses Verzeichnisses (s. Seite 1) – Änderungen, im besonderen der Preise, vorbehalten –

FALKEN

 Falken-Verlag GmbH · Postfach 1120 D-6272 Niedernhausen/Ts. · Tel.: 06127/7020

iologisch zimmergärtnern
ier- und Nutzpflanzen natürlich pflegen.
4144) Von N. Jorek, 152 S., 15 Farbtafeln,
20 s/w-Fotos, Pappband. ●●

immerpflanzen in Hydrokultur
eitfaden für problemlose Blumenpflege.
)660) Von H.-A. Rotter, 32 S., 76 Farbfotos,
farbige Zeichnungen, Pappband. ●

Kakteen und andere Sukkulenten
300 Arten mit über 500 Farbfotos. (4116)
'on G. Andersohn, 316 S., 520 Farbfotos,
93 Zeichnungen, Pappband. ●●●●

ibel für Kakteenfreunde
)199) Von H. Herold, 102 S., 23 Farbfotos,
7 s/w-Abb., kart. ●

Kakteen
Herkunft, Anzucht, Pflege, Arten. (5021) Von
V. Hoffmann, 64 S., 70 Farbfotos, Pappband.
●●

aszinierende Formen und Farben
Kakteen
4211) Von K. und F. Schild, 96 S., 127 Farb-
otos, Pappband. ●●●

'alken-Handbuch **Orchideen**
ebensraum, Kultur, Anzucht und Pflege.
4231) Von G. Schoser, 144 S., 121 Farbfotos,
28 Farbzeichnungen, Pappband. ●●●

Vogelhäuschen, Nistkästen, Vogeltränken
nit Plänen und Anleitungen zum Selbstbau.
0695) Von J. Zech 32 S., 42 Farbfotos,
5 Zeichnungen, Pappband. ●

Falken-Handbuch
Umweltschutz
Das Öko-Testbuch zur Eigeninitiative. (4160)
Von M. Häfner, 352 S., 411 Farbf., 152 Farb-
zeichnungen, Pappband. ●●●●

Pilze
erkennen und benennen. (0380) Von J. Rai-
helhuber, 136 S., 110 Farbfotos, kart. ●●

Falken-Handbuch **Pilze**
Mit über 250 Farbfotos und Rezepten. (4061)
Von M. Knoop, 276 S., 250 Farbfotos,
Pappband. ●●●●

Speisepilze aus eingener Zucht
Anbau · Pflege · Zubereitung
(0909) Von U. Groos, 72 S., 8 Farbtafeln,
16 s/w-Zeichnungen, kart. ●

Grizimek Juniors **BUNTE TIERWELT**
(4295) Von Chr. Grizimek, 208 S., 308 Farb-
fotos, Pappband. ●●●

Falken-Handbuch **Katzen**
(4158) Von B. Gerber, 176 S., 294 Farb- und
88 s/w-Fotos, Pappband. ●●●●

Katzen
Rassen · Haltung · Pflege. (4216) Von
B. Eilert-Overbeck, 96 S., 82 Farbfotos, Papp-
band. ●●●

Das neue Katzenbuch
Rassen – Aufzucht – Pflege. (0427) Von
B. Eilert-Overbeck, 136 S., 14 Farbfotos,
26 s/w-Fotos, kart. ●

Katzenkrankheiten
Erkennung und Behandlung. Steuerung des
Sexualverhaltens. (0652) Von Dr. med. vet.
R. Spangenberg, 176 S., 64 s/w-Fotos,
4 Zeichnungen, kart. ●

Falken-Handbuch **Hunde**
(4118) Von H. Bielfeld, 176 S., 222 Farb-
und 73 s/w-Abb., Pappband. ●●●●

Hunde
Rassen · Erziehung · Haltung. (4209) Von
H. Bielfeld, 96 S., 101 Farbfotos, Pappband.
●●●

Das neue Hundebuch
Rassen · Aufzucht · Pflege. (0009) Von
W. Busack, überarbeitet von Dr. med. vet.
A. H. Hacker und H. Bielfeld, 112 S., 8 Farb-
tafeln, 27 s/w-Fotos, 6 Zeichnungen, kart. ●

Falken-Handbuch
Der Deutsche Schäferhund
(4077) Von U. Förster, 228 S., 160 Abb.,
Pappband. ●●●

Der Deutsche Schäferhund
Aufzucht, Pflege und Ausbildung. (0073) Von
A. Hacker, 104 S., 56 Abb., kart. ●

Dackel, Teckel, Dachshund
Aufzucht · Pflege · Ausbildung. (0508) Von
M. Wein-Gysae, 112 S., 4 Farbtafeln, 43 s/w-
Fotos, 2 Zeichnungen, kart. ●

Hundeausbildung
Verhalten – Gehorsam – Abrichtung. (0346)
Von Prof. Dr. R. Menzel, 96 S., 18 Fotos, kart.
●

Grundausbildung für Gebrauchshunde
Schäferhund, Boxer, Rottweiler, Dobermann,
Riesenschnauzer, Airedaleterrier, Hovawart
und Bouvier. (0801) Von M. Schmidt und
W. Koch, 104 S., 8 Farbtafeln, 51 s/w-Fotos,
5 s/w-Zeichnungen, kart. ●

Hundekrankheiten
Erkennung und Behandlung, Steuerung des
Sexualverhaltens. (0570) Von Dr. med. vet.
R. Spangenberg, 128 S., 68 s/w-Fotos,
10 Zeichnungen, kart. ●

Falken-Handbuch **Pferde**
(4186) Von H. Werner, 176 S., 196 Farb-und
50 s/w-Fotos, 100 Zeichnungen, Pappband.
●●●●

Wellensittiche
Arten · Haltung · Pflege · Sprechunterricht ·
Zucht. (5136) Von H. Bielfeld, 64 S., 59 Farb-
fotos, Pappband. ●●

Papageien und Sittiche
Arten · Pflege · Sprechunterricht.
(0591) Von H. Bielfeld, 112 S., 8 Farbtafeln,
kart. ●

Geflügelhaltung als Hobby
(0749) Von M. Baumeister, H. Meyer, 184 S.,
8 Farbtafeln, 47 s/w-Fotos, 15 Zeichnungen,
kart. ●●

Das Süßwasser-Aquarium
Einrichtung · Pflege · Fische · Pflanzen.
(0153) Von H. J. Mayland, 152 S., 16 Farb-
tafeln, 43 s/w-Zeichnungen, kart. ●●

Falken-Handbuch
Süßwasser-Aquarium
(4191) Von H. J. Mayland, 288 S., 564 Farb-
fotos, 75 Zeichnungen, Pappband. ●●●●

DIE TIERSPRECHSTUNDE
Tiere im Wassergarten
(0808) Von Dr. med. vet. E. M. Bartenschla-
ger, 96 S., 84 Farbfotos, 7 Zeichnungen,
kart. ●

DIE TIERSPRECHSTUNDE
Sittiche und kleine Papageien
(0864) Von Dr. med. vet. E. M. Bartenschla-
ger, 88 S., 84 Farbfotos, 9 Zeichnungen,
kart. ●

DIE TIERSPRECHSTUNDE
Junge Katzen
(0862) Von Dr. med. vet. E. M. Bartenschla-
ger, 72 S., 40 Farbfotos, 4 Farbzeichnungen,
kart. ●

DIE TIERSPRECHSTUNDE
Alles über Igel in Natur und Garten
(0810) Von Dr. med. vet. E. M. Bartenschla-
ger, 68 S., 51 Farbfotos, kart. ●

DIE TIERSPRECHSTUNDE
Alles über Meerschweinchen
(0809) Von Dr. med. vet. E. M. Bartenschla-
ger, 72 S., 43 Farbfotos, 11 Farbzeichnungen,
kart. ●

DIE TIERSPRECHSTUNDE
Alles über junge Hunde
(0863) Von Dr. med. vet. E. M. Bartenschla-
ger, 64 S., 49 Farbfotos, 6 Zeichnungen,
kart. ●

DIE TIERSPRECHSTUNDE
Richtige Hundeernährung
(0811) Von Dr. med. vet. E. M. Bartenschlager,
80 S., 51 Farbfotos, 4 Farbzeichnungen, kart.
●

Dinosaurier
und andere Tiere der Urzeit. (4219) Von
G. Alschner, 96 S., 81 Farbzeichnungen,
4 Fotos, Pappband. ●●●

Mensch und Gesundheit

Die Frau als Hausärztin
Der unentbehrliche Ratgeber für die Gesund-
heit. (4072) Von Dr. med. A. Fischer-Dückel-
mann, 808 S., 14 Farbtafeln, 146 s/w-Fotos,
203 Zeichnungen, Pappband. ●●●

Dr. Reitners großes Gesundheitslexikon
Mit über 5000 Stichwörtern.
(4282) Von Dr. med. H.-J. Lewitzka-Reitner,
in Zusammenarbeit mit P. Janknecht und
U. Kannapinn, 504 S., 424 s/w-Abbildungen,
Pappband. ●●

Sexualberatung
(0402) Von Dr. M. Röhl, 168 S., 8 Farbtafeln,
17 Zeichnungen, Pappband. ●●

Die Kunst des Stillens
nach neuesten Erkenntnissen
(0701) Von Prof. Dr. med. E. Schmidt,
S. Brunn, 112 S., 20 Fotos und Zeichnungen,
kart. ●

Wenn Sie ein Kind bekommen
(4003) Von U. Klamroth, Dr. med. H. Oster,
240 S., 86 s/w-Fotos, 30 Zeichnungen, kart.
●●●

Der moderne Ratgeber
Wir werden Eltern
Schwangerschaft · Geburt · Erziehung des
Kleinkindes. (4269) Von B. Nees-Delaval,
376 S., 335 zweifarbige Abbildungen,
Pappband. ●●●●

Vorbereitung auf die Geburt
Schwangerschaftsgymnastik, Atmung, Rück-
bildungsgymnastik. (0251) Von S. Buchholz,
112 S., 98 s/w-Fotos, kart. ●

Wie soll es heißen?
(0211) Von D. Köhr, 136 S., kart. ●

Das Babybuch
Pflege · Ernährung · Entwicklung. (0531) Von
A. Burkert, 128 S., 16 Farbtafeln,
38 s/w-Fotos, 30 Zeichnungen, kart. ●●

Wenn der Mensch zum Vater wird
Ein heiter-besinnlicher Ratgeber. (4259) Von
D. Zimmer, 160 S., 20 Zeichnungen,
Pappband. ●●

Wenn Kinder krank werden
Medizinischer Ratgeber für Eltern.
(4240) Von Dr. med. I. J. Chasnoff, B. Nees-
Delaval, 232 S., 163 Zeichnungen, Papp-
band. ●●●

Die hier vorgestellten Bücher, Videokassetten und Software sind in folgende Preisgruppen unterteilt:

● Preisgruppe bis DM 10,–/S 79,–
●● Preisgruppe über DM 10,– bis DM 20,– S 80,– bis S 160,–
●●● Preisgruppe über DM 20,– bis DM 30,– S 161,– bis S 240,–
●●●● Preisgruppe über DM 30,– bis DM 50,– S 241,– bis S 400,–
●●●●● Preisgruppe über DM 50,–/S 401,–
*(unverbindliche Preisempfehlung)

Die Preise entsprechen dem Status beim Druck dieses Verzeichnisses (s. Seite 1) – Änderungen, im besonderen der Preise, vorbehalten –

Psycho-Tests
– Erkennen Sich sich selbst. (0710) Von B. M. Nash, R. B. Monchick, 304 S., 81 Zeichnungen, kart. ●●

FALKEN-SOFTWARE
Ego-Tests
Sich und andere besser erkennen und verstehen. (7012) Diskette für IBM PC kompatible (MS DOS) mit Begleitheft. ●●●●●*

Frauenträume – Männerträume
und ihre Bedeutung. (4198) Von G. Senger, 272 S., mit Traumlexikon, Pappband. ●●●

Wie Sie im Schlaf das Leben meistern
Schöpferisch träumen
Der Klartraum als Lebenshilfe. (4258) Von Prof. D. P. Tholey, K. Utecht. 256 S., 1 s/w-Foto, 20 Zeichnungen, Pappband. ●●●

So deutet man Träume
Die Bildersprache des Unbewußten. (0444) Von G. Haddenbach, 160 S., Pappband. ●

Bildatlas des menschlichen Körpers
(4177) Von G. Pogliani, V. Vannini, 112 S., 402 Farbabb. 28 s/w-Fotos, Pappband. ●●●

Ratgeber Aids
Entstehung, Ansteckung, Krankheitsbilder, Heilungschancen, Schutzmaßnahmen. (0803) Von B. Baartman, Vorwort von Dr. med. H. Jäger, 112 S., 8 Farbtafeln, 4 Grafiken, kart. ●●

Enzyme
Vitalstoffe für die Gesundheit. (0677) Von G. Leibold, 96 S., kart. ●

Heilfasten
(0713) Von G. Leibold, 108 S., kart. ●

Besser leben durch Fasten
(0841) Von G. Leibold, 100 S., kart. ●

Fastenkuren
Wege zur gesunden Lebensführung. Rezepte und Tips für die Nachfastenzeit. Kurzfasten · Saftfastenkuren · Fastenschalttage · Heilfasten. (4248) Von Ha. A. Mehler, H. Keppler, 144 S., 16 s/w-Fotos, 9 Zeichnungen, Pappband. ●●●

Aus dem Schatz der Naturmedizin
Heilkräuterkuren
(4268) Von Dr. med. E. Rauch, Dr. rer. nat. P. Kruletz, 144 S., 49 Zeichnungen, kart. ●●

Rheuma behandeln und lindern
Mit einem Vorwort von Dr. med. Max-Otto-Bruker. (0836) Von G. Leibold, 100 S., kart. ●

Die echte Schroth-Kur
(0797) Von Dr. med. R. Schroth, 88 S., 2 s/w-Fotos, kart. ●

Streß bewältigen durch Entspannung
(0834) Von Dr. med. Chr. Schenk, 88 S., 29 Zeichnungen, kart. ●

Gesundheit und Spannkraft durch Yoga
(0321) Von L. Frank und U. Ebbers, 112 S., 50 s/w-Fotos, kart. ●

Yoga für jeden
(0341) Von K. Zebroff, 156 S., 135 Abb., Spiralbindung. ●●●

Yoga für Schwangere
Der Weg zur sanften Geburt. (0777) Von V. Bolesta-Hahn, 108 S., 76 zweifarbige Abb. kart. ●●

Yoga gegen Haltungsschäden und Rückenschmerzen
(0394) Von A. Raab, 104 S., 215 Abb., kart. ●

Bauch, Taille und Hüfte gezielt formen durch
Aktiv-Yoga
(0709) Von K. Zebroff, 112 S., 102 Farbfotos, kart. ●●

Hypnose und Autosuggestion
Methoden – Heilwirkungen – praktische Beispiele. (0483) Von G. Leibold, 120 S., 9 Illustrationen, kart. ●

Kneippkuren zu Hause
(0779) Von G. Leibold, 112 S., 25 Zeichnungen, kart. ●

Krebsangst und Krebs behandeln
Mit einem Vorwort von Prof. Dr. med. Friedrich Douwes. (0839) Von G. Leibold, 104 S., kart. ●

Allergien behandeln und lindern
Mit einem Vorwort von Prof. Dr. med. Axel Stemmann. (0840) Von G. Leibold, 104 S., 4 Zeichnungen, kart. ●

Besser sehen durch Augentraining
Ein Gesundheitsprogramm zur Verbesserung des Sehvermögens. (0914) Von K. Schutt, B. Rumpler, 96 S., 32 s/w-Zeichnungen, kart. ●

Darmleiden
Krankheitsbilder, Behandlung, Selbstbehandlung, Richtige Lebensführung und Ernährung. (0798) Von Dr. med. K. Steffens, 112 S., 46 Zeichnungen, kart. ●

Massage
(0750) Von B. Rumpler, K. Schutt, 112 S., 116 zweifarbige Zeichnungen, kart. ●●

Fußmassage
Reflexzonentherapie am Fuß (0714) Von G. Leibold, 96 S., 38 Zeichnungen, kart. ●

Rheuma und Gicht
Krankheitsbilder, Behandlung, Therapieverfahren, Selbstbehandlung, Richtige Lebensführung und Ernährung. (0712) Von Dr. J. Höder, J. Bandick, 104 S., kart. ●

Diabetes
Krankheitsbild, Therapie, Kontrollen, Schwangerschaft, Sport, Urlaub, Alltagsprobleme, Neueste Erkenntnisse der Diabetesforschung. (0895) Von Dr. med. H. J. Krönke, 120 S., 4 Farbtafeln, 14 s/w-Fotos, 13 s/w-Zeichnungen, kart. ●

Krampfadern
Ursachen, Vorbeugung, Selbstbehandlung, Therapieverfahren. (0727) Von Dr. med. K. Steffens, 96 S., 38 Abb., kart. ●

Gallenleiden
Krankheitsbilder, Behandlung, Therapieverfahren, Selbstbehandlung, Richtige Lebensführung und Ernährung. (0673) Von Dr. med. K. Steffens, 104 S., 34 Zeichnungen, kart. ●

Asthma
Pseudokrupp, Bronchitis und Lungenemphysem. (0778) Von Prof. Dr. med. W. Schmidt, 120 S., 56 Zeichnungen, kart. ●

Autogenes Training
Anwendung · Heilwirkungen · Methoden. (0541) Von R. Faller, 128 S., 3 Zeichnungen, kart. ●

Die fernöstliche Fingerdrucktherapie Shiatsu
Anleitungen zur Selbsthilfe – Heilwirkungen. (0615) Von G. Leibold, 196 S., 180 Abb., kart. ●●

Eigenbehandlung durch Akupressur
Heilwirkungen – Energielehre – Meridiane. (0417) Von G. Leibold, 152 S., 78 Abb., kart. ●

Chinesische Naturheilverfahren
Selbstbehandlung mit bewährten Methoden der physikalischen Therapie. Atemtherapie · Heilgymnastik · Selbstmassage · Vorbeugen · Behandeln · Entspannen. (4247) Von F. T. Lie, 160 S., 292 zweifarbige Zeichnungen, Pappband. ●●●

Massagetechniken und Heilanzeigen
Reflexzonentherapie
(4404) Von G. Leibold, 128 S., 53 Farbzeichnungen, Pappband. ●●●

Chinesisches Schattenboxen
Tai-Ji-Quan
für geistige und körperliche Harmonie. (0850) Von F. T. Lie, 120 S., 221 s/w-Fotos, 9 s/w-Zeichnungen, Beilage: 1 s/w-Poster m zahlreichen Abbildungen, kart. ●●

Gesundheit durch altbewährte Kräuterrezepte und Hausmittel aus der
Natur-Apotheke
(4156) Von G. Leibold, 236 S., 8 Farbtafeln, 100 Zeichnungen, kart., ●●

Heiltees und Kräuter für die Gesundheit
(4123) Von G. Leibold, 136 S., 15 Farbtafeln, 16 Zeichnungen, kart. ●●

Falken-Handbuch **Heilkräuter**
Modernes Lexikon der Pflanzen und Anwendungen (4076) Von G. Leibold, 392 S., 183 Farbfotos, 22 Zeichnungen, geb. ●●●●

Kochen für Diabetiker
Gesund und schmackhaft für die ganze Familie. (4132) Von M. Toeller, W. Schumacher, A. C. Groote, 224 S., 109 Farbfotos, 94 Zeichnungen, Pappband. ●●●

Neue Rezepte für Diabetiker-Diät
Vollwertig – abwechslungsreich - kalorienarm. (0418) Von M. Oehlrich, 120 S., 8 Farbtafeln, kart. ●

Diät bei Krankheiten des Magens und Zwölffingerdarms
Rezeptteil von B. Zöllner. (3201) Von Prof. Dr med. H. Kaess, 96 S., 35 Farbfotos, 1 s/w-Zeichnung, kart. ●●

Diät bei Herzkrankheiten und Bluthochdruck
Salzarme (natriumarme) Kost, Rezeptteil von B. Zöllner. (3202) Von Prof. Dr. med. H. Rottka, 92 S., 4 Farbtafeln, kart. ●●

Diät bei Erkrankungen der Nieren, Harnwege und bei Dialysebehandlung
Rezeptteil von B. Zöllner. (3203) Von Prof. Dr med. Dr. h. c. H. J. Sarre und Prof. Dr. med. R. Kluthe, 96 S., 33 Farbfotos, 1 s/w-Zeichnung, kart. ●●

Richtige Ernährung wenn man älter wird
Rezeptteil von B. Zöllner. (3204) Von Prof. Dr med. H.-J. Pusch. 96 S., 36 Farbfotos und 3 s/w-Zeichnungen, kart. ●●

Diät bei Gicht und Harnsäuresteinen
Rezeptteil von B. Zöllner. (3205) Von Prof. Dr med. N. Zöllner, 80 S., 4 Farbtafeln, kart. ●●

Diät bei Zuckerkrankheit
Rezeptteil von B. Zöllner. (3206) Von Prof. Dr med. P. Dieterle, 112 S., 42 Farbfotos, 4 vierfarbige Vignetten, 1 s/w-Zeichnung, kart. ●●

Diät bei Krankheiten der Gallenblase, Leber und Bauchspeicheldrüse
Rezeptteil von B. Zöllner. (3207) Von Prof. Dr med. H. Kasper, 88 S., 4 Farbtafeln, kart. ●●

Diät bei Störungen des Fettstoffwechsels und zur Vorbeugung der Arteriosklerose
Rezeptteil von B. Zöllner. (3208) Von Prof. Dr med. G. Wolfram und Dr. med. O. Adam, 104 S., 4 Farbtafeln, kart. ●●

Diät bei Übergewicht
Rezeptteil von B. Zöllner. (3209) Von Prof. Dr med. Ch. Keller, 104 S., 42 Farbfotos, 3 s/w-Zeichnungen, kart. ●●

Die hier vorgestellten Bücher, Videokassetten und Software sind in folgende Preisgruppen unterteilt:

● Preisgruppe bis DM 10,–/S 79,–
●● Preisgruppe über DM 10,– bis DM 20,– S 80,– bis S 160,–
●●● Preisgruppe über DM 20,– bis DM 30,– S 161,– bis S 240,–
●●●● Preisgruppe über DM 30,– bis DM 50,– S 241,– bis S 400,–
●●●●● Preisgruppe über DM 50,–/S 401,–
*(unverbindliche Preisempfehlung)

Die Preise entsprechen dem Status beim Druck dieses Verzeichnisses (s. Seite 1) – Änderungen, im besonderen der Preise, vorbehalten –

FALKEN

Falken-Verlag GmbH · Postfach 1120 D-6272 Niedernhausen/Ts. · Tel.: 06127/7020

Diät bei Darmkrankheiten
Durchfall – Divertikulose, Reizdarm und Darmträgheit – einheimische Sprue (Zöliakie) – Disaccharidasemangel – Dünndarmresektion – Dumping Syndrom. Rezeptteil von B. Zöllner. (3211) Von Prof. Dr. med. G. Strohmeyer, 88 S., 4 Farbtafeln, kart. ●●

Ballaststoffreiche Kost bei Funktionsstörungen des Darms
Rezeptteil von B. Zöllner. (3212) Von Prof. Dr. med. H. Kasper, 96 S., 34 Farbfotos, 1 s/w-Foto, kart. ●●

Rat und Wissen

Der gute Ton
Ein moderner Knigge. (0063) Von I. Wolter, 168 S., 38 Zeichnungen, 53 s/w-Fotos, kart. ●

Haushaltstips von A bis Z
(0759) Von A. Eder, 80 S., 30 Zeichnungen, kart. ●

Familienforschung · Ahnentafel · Wappenkunde
Wege zur eigenen Familienchronik. (0744) Von P. Bahn, 128 S., 8 Farbtafeln, 30 Abbildungen, kart. ●●

Die Kunst der freien Rede
Ein Intensivkurs mit vielen Übungen, Beispielen und Lösungen. (4189) Von G. Hirsch, 232 S., 11 Zeichnungen, Pappband. ●●●

Reden zur Taufe, Kommunion und Konfirmation
(0751) Von G. Georg, 96 S., kart. ●

Der richtige Brief zu jedem Anlaß
Das moderne Handbuch mit 400 Musterbriefen. (4179) Von H. Kirst, 376 S., Pappband. ●●●

Wir heiraten
Ratgeber zur Vorbereitung und Festgestaltung der Verlobung und Hochzeit. (4188) Von C. Poensgen, 216 S., 8 s/w-Fotos, 30 s/w-Zeichnungen, 8 Farbtafeln, Pappband. ●●●

Wir feiern Hochzeit
Festgestaltung – phantasievoll und modern. (0943) Von H. J. Winkler, 120 S., kart. ●

Von der Verlobung zur Goldenen Hochzeit
(0393) Von E. Ruge, 120 S., kart. ●

Reden zur Hochzeit
Musteransprachen für Hochzeitstage. (0654) Von G. Georg, 112 S., kart. ●

Glückwünsche, Toasts und Festreden zur Hochzeit.
(0264) Von I. Wolter, 128 S., 18 Zeichnungen, kart. ●

Hochzeits- und Bierzeitungen
Muster, Tips und Anregungen. (0288) Von H.-J. Winkler, mit vielen Text- und Gestaltungsanregungen, 116 S., 15 Abb., 1 Musterzeitung, kart. ●

Kindergedichte zur Grünen, Silbernen und Goldenen Hochzeit
(0318) Von H.-J. Winkler, 104 S., 20 Abb., kart. ●

Kindergedichte für Familienfeste
(0860) Von B. H. Bull, 96 S., 20 Zeichnungen, kart. ●

Die Silberhochzeit
Vorbereitung · Einladung · Geschenkvorschläge · Dekoration · Festablauf · Menüs · Reden · Glückwünsche. (0542) Von K. F. Merkle, 120 S., 41 Zeichnungen, kart. ●

Großes Buch der Glückwünsche
(0255) Hrsg. von O. Fuhrmann, 176 S., 77 Zeichnungen und viele Gestaltungsvorschläge, kart. ●

Herzliche Glückwünsche!
Die schönsten Gedichte und Texte für viele Gelegenheiten. (0942) Hrsg. von B. H. Bull, 256 S., 50 Zeichnungen, Pappband. ●●

Neue Glückwunschfibel
für Groß und Klein. (0156) Von R. Christian-Hildebrandt, 96 S., kart. ●

Glückwunschverse für Kinder
(0277) Von B. Ulrici, 80 S., kart. ●

Die Redekunst
Rhetorik · Rednererfolg (0076) Von K. Wolter, überarbeitet von Dr. W. Tappe, 80 S., kart. ●

Reden und Ansprachen
für jeden Anlaß. (4009) Hrsg. von F. Sicker, 454 S., gebunden. ●●●●

Reden zum Jubiläum
Musteransprachen für viele Gelegenheiten (0595) Von G. Georg, 112 S., kart. ●

Reden zum Ruhestand
Musteransprachen zum Abschluß des Berufslebens (0790) Von G. Georg, 104 S., kart. ●

Reden und Sprüche zu Grundsteinlegung, Richtfest und Einzug
(0598) Von A. Bruder, G. Georg, 96 S., kart. ●

Reden zu Familienfesten
Musteransprachen für viele Gelegenheiten. (0675) Von G. Georg, 112 S., kart. ●

Reden zum Geburtstag
Musteransprachen für familiäre und offizielle Anlässe. (0773) Von G. Georg, 104 S., kart. ●

Festreden und Vereinsreden
Ansprachen für festliche Gelegenheiten. (0069) Von K. Lehnhoff, E. Ruge, 88 S., kart. ●

Reden im Verein
Musteransprachen für viele Gelegenheiten. (0703) Von G. Georg, 112 S., kart. ●

Programm und Publikum
Der ständige Versuch einer Annäherung. Beiträge und Reden über das öffentlich-rechtliche Fernsehen. (0874) Von A. Schardt, 167 S., kart. ●●

Trinksprüche
Fest- und Damenreden in Reimen. (0791) Von L. Metzner, 88 S., 14 s/w-Zeichnungen, kart. ●

Trinksprüche, Richtsprüche, Gästebuchverse
(0224) Von D. Kellermann, 80 S., kart. ●

Ins Gästebuch geschrieben
(0576) Von K. H. Trabeck, 96 S., 24 Zeichnungen, kart. ●

Poesiealbumverse
Heiteres und Besinnliches. (0578) Von A. Göttling, 112 S., 20 Zeichnungen, Pappband. ●●

Verse fürs Poesiealbum
(0241) Von I. Wolter, 96 S., 20 Abb., kart. ●

Rosen, Tulpen, Nelken …
Beliebte Verse fürs Poesiealbum
(0431) Von W. Pröve, 96 S., 11 Faksimile-Abb., kart. ●

Der Verseschmied
Kleiner Leitfaden für Hobbydichter. Mit Reimlexikon. (0597) Von T. Parisius, 96 S., 28 Zeichnungen, kart. ●

Moderne Korrespondenz
Handbuch für erfolgreiche Briefe. (4014) Von H. Kirst und W. Manekeller, 544 S., Pappband. ●●●●

Der neue Briefsteller
Musterbriefe für alle Gelegenheiten. (0060) Von I. Wolter-Rosendorf, 112 S., kart. ●

Geschäftliche Briefe
des Privatmanns, Handwerkers, Kaufmanns. (0041) Von A. Römer, 120 S., kart. ●

Behördenkorrespondenz
Musterbriefe – Anträge – Einsprüche. (0412) Von E. Ruge, 120 S., kart. ●

Musterbriefe
für alle Gelegenheiten. (0231) Hrsg. von O. Fuhrmann, 240 S., kart. ●

Privatbriefe
Muster für alle Gelegenheiten. (0114) Von I. Wolter-Rosendorf, 132 S., kart. ●

Briefe zu Geburt und Taufe
Glückwünsche und Danksagungen. (0802) Von H. Beitz, 96 S., 12 Zeichnungen, kart. ●

Briefe zum Geburtstag
Glückwünsche und Danksagungen (0822) Von H. Beitz, 104 S., 22 Zeichnungen, kart. ●

Briefe zur Hochzeit
Glückwünsche und Danksagungen (0852) Von R. Röngen, 96 S., 1 Zeichnung, 39 Vignetten, kart. ●

Briefe der Liebe
Anregungen für gefühlvolle und zärtliche Worte. (0903) Hrsg. von H. Beitz, 96 S., 4 Zeichnungen, kart. ●

Erfolgstips für den Schriftverkehr
Briefwechsel leicht gemacht durch einfachen Stil und klaren Ausdruck (0678) Von U. Schoenwald, 120 S., kart. ●

Worte und Briefe der Anteilnahme
(0464) Von E. Ruge, 128 S., mit vielen Abb., kart. ●

Reden in Trauerfällen
Musteransprachen für Beerdigungen und Trauerfeiern (0736) Von G. Georg, 104 S., kart. ●

In Anerkennung Ihrer …
Lob und Würdigung in Briefen und Reden
(0535) Von H. Friedrich, 136 S., kart. ●

Das große farbige Kinderlexikon
(4195) Von U. Kopp, 320 S., 493 Farbabb., 17 s/w-Fotos, Pappband. ●●●

ZDF · ORF · DRS
Kompaß Jugend-Lexikon
(4096) Von R. Kerler, J. Blum, 336 S., 766 Farbfotos, 39 s/w-Abb., Pappband. ●●●●

Elternsache Grundschule
(0692) Hrsg. von K. Meynersen, 324 S., kart. ●●●

Vom Urkrümel zum Atompilz
Evolution – Ursache und Ausweg aus der Krise. (4181) Von J. Voigt, 188 S., 20 Farb- und 70 s/w-Fotos, 32 Zeichnungen, kart. ●●

Neues Denken – alte Geister
New Age unter der Lupe. (4278) Von G. Myrell, Dr. W. Schmandt, J. Voigt, 176 S., 54 Farbfotos, 3 Zeichnungen, kart. ●●

Die hier vorgestellten Bücher, Videokassetten und Software sind in folgende Preisgruppen unterteilt:

● Preisgruppe bis DM 10,–/S 79,–
●● Preisgruppe über DM 10,– bis DM 20,– S 80,– bis S 160,–
●●● Preisgruppe über DM 20,– bis DM 30,– S 161,– bis S 240,–
●●●● Preisgruppe über DM 30,– bis DM 50,– S 241,– bis S 400,–
●●●●● Preisgruppe über DM 50,–/S 401,–
*(unverbindliche Preisempfehlung)

Die Preise entsprechen dem Status beim Druck dieses Verzeichnisses (s. Seite 1) – Änderungen, im besonderen der Preise, vorbehalten –

Schülerlexikon der Mathematik
Formeln, Übungen und Begriffserklärungen für die Klassen 5–10. (0430) Von R. Müller, 176 S., 96 Zeichnungen, kart. ●

Mathematik verständlich
Zahlenbereiche Mengenlehre, Algebra, Geometrie, Wahrscheinlichkeitsrechnung, Kaufmännisches Rechnen. (4135) Von R. Müller, 652 S., 10 s/w- und 109 Farbfotos, 802 farbige und 79 s/w-Zeichnungen, über 2500 Beispiele und Übungen mit Lösungen, Pappband. ●●●●●

Mathematische Formeln für Schule und Beruf
Mit Beispielen und Erklärungen. (0499) Von R. Müller, 156 S., 210 Zeichnungen, kart. ●

Rechnen aufgefrischt
für Schule und Beruf. (0100) Von H. Rausch, 144 S., kart. ●

Physik verständlich
Förderkurs für die Klassen 7 bis 10 (0926) Von Dr. Th. Neubert, 136 S., 146 s/w-Zeichnungen, 166 Aufgaben, kart. ●●

Mehr Erfolg in Schule und Beruf
Besseres Deutsch
Mit Übungen und Beispielen für Rechtschreibung, Diktate, Zeichensetzung, Aufsätze, Grammatik, Literaturbetrachtung, Stil, Briefe, Fremdwörter, Reden. (4115) Von K. Schreiner, 444 S., 7 s/w-Fotos, 27 Zeichnungen, Pappband. ●●●

Richtiges Deutsch
Rechtschreibung · Zeichensetzung · Grammatik · Stilkunde. (0551) Von K. Schreiner, 128 S., 7 Zeichnungen, kart. ●

Diktate besser schreiben
Übungen zur Rechtschreibung für die Klassen 4–8. (0469) Von K. Schreiner, 152 S., 31 Zeichnungen, kart. ●

Aufsätze besser schreiben
Förderkurs für die Klassen 4–10. (0429) Von K. Schreiner, 144 S., 4 s/w-Fotos, 27 Zeichnungen, kart. ●

Deutsche Grammatik
Ein Lern- und Übungsbuch. (0704) Von K. Schreiner, 112 S., kart. ●

Mehr Erfolg in der Schule
Deutsche Rechtschreibung und Grammatik
Übungen und Beispiele für die Klassen 5–10. (4407) Von K. Schreiner, 256 S., durchgehend zweifarbig, Pappband. ●●●

Mehr Erfolg in der Schule
Der Deutschaufsatz
Übungen und Beispiele für die Klassen 5–10. (4271) Von K. Schreiner, 240 S., 4 s/w-Fotos, 51 Zeichnungen, Pappband. ●●●

Richtige Zeichensetzung
durch neue, vereinfachte Regeln. Erläuterungen der Zweifelsfragen anhand vieler Beispiele. (0774) Von Prof. Dr. Ch. Stetter, 160 S., kart. ●

Richtige Groß- und Kleinschreibung
durch neue, vereinfachte Regeln. Erläuterungen der Zweifelsfragen anhand vieler Beispiele. (0897) Von Prof. Dr. Ch. Stetter, 96 S., kart. ●

Besseres Englisch
Grammatik und Übungen für die Klassen 5 bis 10. (0745) Von E. Henrichs, 144 S., ●●

The Grammar Master
Englische Grammatik üben und beherrschen. (7002) Diskette für den C 64/C 128 (im 64er Modus) ●●●●*

Vokabeltrainer Englisch
Von B. Hoppius. (7001) Wendediskette für C 64/C 128 PC, mit Begleitheft. ●●●●* (7007) Wendediskette für Atari ST 520/1040, mit Begleitheft. ●●●●●*

Take a Trip to Britain
(7004) Von reLine, Diskette für C 64/C 128 PC, mit Begleitheft. ●●●●*

Schnell und sicher zum Führerschein
Tips und Tricks aus 30jähriger-Fahrschul-Praxis. (0921) Von O. Einert, 152 S., 156 Farbfotos, 161 z. T. farb. Zeichnungen, kart. ●●

Maschinenschreiben für Kinder
(0274) Von H. Kaus, 48 S., farbige Abb., kart. ●

So lernt man leicht und schnell
Maschinenschreiben
Lehrbuch für Schulen, Lehrgänge und Selbstunterricht. (0568) Von M. Kempkes, 112 S., 31 s/w- Fotos, 36 Zeichnungen, kart. ●●

Maschinenschreiben durch Selbstunterricht
(0170) Von A. Fonfara, 84 S., kart. ●

Maschinenschreiben
In 10 Tagen spielend gelernt. Von Unterrichtsmedien Hoppius. (7008) Diskette für den C 64 und C 128 PC ●●●●* (7009) für IBM PC + kompatible, ●●●●●* (7010) für Schneider CPC 464, 664, 6128, ●●●●●*

Stenografie leicht gelernt
im Kursus oder Selbstunterricht. (0266) Von H. Kaus, 64 S., kart. ●

Buchführung
leicht gefaßt. Ein Leitfaden für Handwerker und Gewerbetreibende. (0127) Von R. Pohl. 104 S., kart. ●

Buchführung leicht gemacht
Ein methodischer Grundkurs für den Selbstunterricht. (4238) Von D. Machenheimer, R. Kersten, 252 S., Pappband. ●●●

Erfolgreiche Kaufmannspraxis
Wirtschaftliche Grundlagen, Geld, Kreditwesen, Steuern, Betriebsführung, Recht, EDV. (4046) Von W. Göhler, H. Gölz, M. Heibel, Dr. D. Machenheimer, 544 S., gebunden. ●●●●

Familienrecht
Ehe – Scheidung – Unterhalt. (4190) Von T. Drewes, R. Hollender, 368 S., Pappband. ●●●

Scheidung und Unterhalt
nach dem neuen Eherecht. Mit dem Unterhaltsänderungsgesetz 1986. (0403) Von T. Drewes, 112 S., mit Kosten und Unterhaltstabellen, kart. ●

Erziehungsgeld, Mutterschutz, Erziehungsurlaub
Alles über das neue Recht für Eltern. Mit den Gesetzestexten. (0835) Von J. Grönert, 144 S., kart. ●●

Endlich 18 und nun?
Rechte und Pflichten mit der Volljährigkeit. (0646) Von R. Rathgeber, 224 S., 27 Zeichnungen, kart. ●●

Was heißt hier minderjährig?
(0765) Von R. Rathgeber, C. Rummel, 148 S., 50 Fotos, 25 Zeichnungen, kart. ●●

Erbrecht und Testament
Mit Erläuterungen des Erbschaftssteuergesetzes von 1974. (0046) Von Dr. jur. H. Wandrey, 124 S., kart. ●

Testament und Erbschaft
Erbfolge, Rechte und Pflichten der Erben, Erbschafts- und Schenkungssteuer, Mustertestamente. (4139) Von T. Drewes, R. Hollender, 304 S., Pappband. ●●●

Mein letzter Wille
Ratgeber für Erblasser, Erben und Hinterbliebene. (0939) Von T. Drewes, 136 S., 9 s/w-Zeichnungen, kart. ●●

Präzise Ratschläge für
Ihre optimale Rente
Vorbereitung · Berechnungsgrundlagen · Gesetzesänderungen · Individuelle Rechenbeispiele. (0806) Von K. Möcks, 96 S., 24 Formulare, 1 Graphik, kart. ●

Mietrecht
Leitfaden für Mieter und Vermieter. (0479) Von J. Beuthner, 196 S., kart. ●●

Wege zum Börsenerfolg
Aktien · Anleihen · Optionen (4275) Von H. Krause, 252 S., 4 s/w-Fotos, 86 Zeichnungen, Pappband. ●●●

So werde ich erfolgreich
Ratschläge und Tips für Beruf und Privatleben. (0918) Von H. Hans, 104 S., kart. ●●

99 Alternativen für Umsteiger
Mehr Freude am Leben mit dem richtigen Beruf. (4251) Von D. Maxeiner, P. Birkenmeier, 192 S., 143 Fotos, 46 Zeichnungen, kart. ●●●

Lebenslauf und Bewerbung
Beispiele für Inhalt, Form und Aufbau. (0428) Von H. Friedrich, 112 S. kart. ●

Erfolgreiche Bewerbungsbriefe und Bewerbungsformen
(0138) Von W. Manekeller, 88 S., kart. ●

Die erfolgreiche Bewerbung
Bewerbung und Vorstellung. (0173) Von W. Manekeller, 156 S., kart. ●

Die Bewerbung
Der moderne Ratgeber für Bewerbungsbriefe, Lebenslauf und Vorstellungsgespräche. (4138) Von W. Manekeller, 264 S., Pappband. ●●

Erfolgreiche Bewerbung um einen Ausbildungsplatz
(0715) Von H. Friedrich, 136 S., kart. ●

Die ersten Tage am neuen Arbeitsplatz
Ratschläge für den richtigen Umgang mit Kollegen und Vorgesetzten (0855) Von H. Friedrich, 104 S., kart. ●

Zeugnisse im Beruf
richtig schreiben, richtig verstehen. (0544) Von H. Friedrich, 112 S., kart. ●

Vorstellungsgespräche
sicher und erfolgreich führen. (0636) Von H. Friedrich, 144 S., kart. ●

Keine Angst vor Einstellungsstests
Ein Ratgeber für Bewerber. (0793) Von Ch. Titze. 120 S., 67 Zeichnungen, kart. ●

Esoterik

Bauernregeln, Bauernweisheiten, Bauernsprüche
(4243) Von G. Haddenbach, 192 S., 62 Farbabb. 9 s/w-Fotos, 144 s/w-Zeichnungen, Pappband. ●●●

Gesund durch Gedankenenergie
Heilung im gemeinsamen Kraftfeld (6035) VHS, 45 Min., in Farbe ●●●●●*

Die hier vorgestellten Bücher, Videokassetten und Software sind in folgende Preisgruppen unterteilt:

● Preisgruppe bis DM 10,–/S 79,–
●● Preisgruppe über DM 10,– bis DM 20,– S 80,– bis S 160,–
●●● Preisgruppe über DM 20,– bis DM 30,– S 161,– bis S 240,–
●●●● Preisgruppe über DM 30,– bis DM 50,– S 241,– bis S 400,–
●●●●● Preisgruppe über DM 50,–/S 401,–
*(unverbindliche Preisempfehlung)

Die Preise entsprechen dem Status beim Druck dieses Verzeichnisses (s. Seite 1) – Änderungen, im besonderen der Preise, vorbehalten –

Die Magie der Zahlen
So nutzen Sie die Geheimnisse der Numerologie für Ihr persönliches Glück mit dem völlig neuen Planetennumeroskop
(4242) Von B. A. Mertz, 224 S., 36 Abbildungen, Pappband. ●●●

I Ging der Liebe
Das altchinesische Orakel für Partnerschaft und Ehe. (4244) Von G. Damian-Knight, 320 S., 64 s/w-Zeichnungen, Pappband. ●●●

Die neue Lebenshilfe **Biorhythmik**
Höhen und Tiefen der persönlichen Lebenskurven vorausberecnen und danach handeln. (0458) Von W. A. Appel, 157 S., 63 Zeichnungen, Pappband. ●●

Die neue Erkenntnisse zum Biorhythmus
Individuelle Rhythmogramme für Berufserfolg und Gesundheit, Partnerschaft und Freizeit, Beilage: Tagesformplaner.
(4276) Von H. Bott, 144 S., 35 s/w-Zeichnungen, Pappband. ●●●

Falken-Handbuch **Kartenlegen**
Wahrsagen mit Tarot-, Skat-, Lenormand- und Zigeunerblättern.
(4226) Von B. A. Mertz, 288 S., 38 Farb- und 108 s/w-Abb. Pappband. ●●●●

Wahrsagen mit Tarot-Karten
(0482) Von E. J. Nigg, 112 S., 4 Farbtafeln, 52 s/w-Abb., Pappband. ●●

Selbst Wahrsagen mit Karten
Die Zukunft in Liebe, Beruf und Finanzen. (0404) Von R. Koch, 112 S., 252 Abb., Pappband. ●●

Weissagen, Hellsehen, Kartenlegen ...
Wie jeder die geheimen Kräfte ergründen und für sich nutzen kann. (4153) Von G. Haddenbach, 192 S., 40 Zeichnungen, Pappband. ●●

Erkennen Sie Psyche und Charakter durch **Handdeutung**
(4176) Von B. A. Mertz, 252 S., 9 s/w-Fotos, 160 Zeichnungen, Pappband. ●●●●

Falken-Handbuch **Astrologie**
Charakterkunde · Schicksal · Liebe und Beruf · Berechnung und Deutung von Horoskopen · Aszendenttabelle. (4068) Von B. A. Mertz, 342 S., mit 60 erläuternden Grafiken, Pappband. ●●●

Die Familie im Horoskop
Glück und Harmonie gemeinsam erleben – Probleme und Gegensätze verstehen und tolerieren. (4161) Von B. A. Mertz, 296 S., 40 Zeichnungen, kart. ●●●

Aztekenhoroskop
Deutung von Liebe und Schicksal nach dem Aztekenkalender. (0543) Von C.-M. und R. Kerler, 160 S., 20 Zeichnungen, Pappband. ●

Was sagt uns das Horoskop?
Praktische Einführung in die Astrologie. (0655) Von B. A. Mertz, 176 S., 25 Zeichnungen, kart. ●

Das Super-Horoskop
Der neue Weg zur Deutung von Charaker, Liebe und Schicksal nach chinesischer und abendländischer Astrologie. (0465) Von G. Haddenbach, 175 S., kart. ●

Liebeshoroskop für die 12 Sternzeichen
Alles über Chancen, Beziehungen, Erotik, Zärtlichkeit, Leidenschaft. (0587) Von G. Haddenbach, 144 S., 11 Zeichnungen, kart. ●

Die 12 Sternzeichen
Charakter, Liebe und Schicksal. (0385) Von G. Haddenbach, 160 S., Pappband. ●●

Die 12 Tierzeichen im chinesischen Horoskop
(0423) Von G. Haddenbach, 128 S., Pappband. ●

Sternstunden
für Liebe, Glück und Geld, Berufserfolg und Gesundheit. Das ganz persönliche Mitbringsel für Widder (0621), Stier (0622), Zwillinge (0623), Krebs (0624), Löwe (0625), Jungfrau (0626), Waage (0627), Skorpion (0628), Schütze (0629), Steinbock (0630), Wassermann (0631), Fische (0632) Von L. Cancer, 62 S., durchgehend farbig, Zeichnungen, Pappband. ●

Computer-Bücher und Software

Computer Grundwissen
Eine Einführung in Funktion und Einsatzmöglichkeiten. (4302) Von W. Bauer, 176 Seiten, 193 Farb- und 12 s/w-Fotos, 37 Computergrafiken, kart., ●●●
(4301) Pappband, ●●●●

Einführung in die Programmiersprache BASIC. (4303) Von S. Curran und R. Curnow, 192 S., 92 Zeichnungen, kart. ●●

Intelligenz in BASIC
für Schneider CPC 464/664/6128. Mit Diskette 3". (4320) Von K.-H. Koch, 160 S., 14 Zeichnungen, kart. ●●●●●

Lernen mit dem Computer. (4304)
Von S. Curran und R. Curnow, 144 S., 34 Zeichnungen, Spiralbindung, ●●

Garantiert BASIC lernen mit dem C 128
Mit kompletter Kurs-Diskette
(4321) Von A. Görgens, 288 S., 4 s/w-Fotos, 83 Zeichnungen, kart. ●●●●

Grundwissen Informationsverarbeitung
(4314) Von H. Schiro, 312 S., 59 s/w-Fotos, 133 s/w-Zeichnungen, Pappband. ●●●●●

Heimcomputer-Bastelkiste
Messen, Steuern, Regeln mit C 64-, Apple II-, MSX-, TANDY-, MC-, Atari- und Sinclair-Computern. (4309) Von G. A. Karl, 256 S., 160 Zeichnungen, kart. ●●●●

WORDSTAR 2000
Textverarbeitung für Einsteiger und Profis
Mit erprobten Anwendungen aus der Praxis. (4317) Von D. Nasser, 200 S., 9 s/w-Fotos, 3 Zeichnungen, kart. ●●●●●

Drucker und Plotter
Text und Grafik für Ihren Computer. (4315) Von K.-H. Koch, 192 S., 12 Farbtafeln, 5 s/w-Fotos, kart. ●●●●

Computergrafik
Von den Grundlagen bis zum perfekten 3 D-Programm. (4319) Von A. Brück, 296 S., 20 Farbtafeln, 180 s/w-Grafiken, 50 s/w- Zeichnungen, 83 Listings, Pappband. ●●●●●

Textverarbeitung mit Home- und Personal-Computern
Systeme – Vergleiche – Anwendungen. (4316) Von A. Görgens, 128 S., 49 s/w-Fotos, kart. ●●●●

Die tägliche PC-Praxis
Anwendungshilfen, Programme und Erweiterungen für MS-DOS-Computer
(4322) Von A. Görgens, 224 S., 25 Abbildungen, kart. ●●●●

dBase III
Einführung für Einsteiger und Nachschlagewerk für Profis. (4310) Von J. Brehm, G. A. Karl, 211 S., 23 Abb., kart. ●●●●●

FALKEN PC PRAXIS
Desktop Publishing
Setzen und Drucken auf dem Schreibtisch. (4323) Von A. Görgens, 120 S., 11 s/w-Fotos, 72 Zeichnungen, kart. ●●●

FALKEN PC PRAXIS
WordStar Praxis professionell
Für die Versionen 3.4/3.45/4.0
Erweiterungen · Praxis-Tips · Datenaustausch · Desktop Publishing. (4324) Von A. Görgens, 172 S., 2 s/w-Fotos, 2 s/w-Zeichnungen, 116 s/w-Grafiken, kart. ●●●●

Die Super-Preisleistung

Die 100 bekanntesten und beliebtesten Volkslieder, mit wunderschönen Farbzeichnungen von Brian Bagnall, durchgehend farbig im Großformat als gebundener Pappband.

Kein schöner Land... Das große Buch unserer beliebtesten Volkslieder. (0001) Hrsg. von Norbert Linke, 208 Seiten, 118 Farbzeichnungen, Pappband.

Erschienen in der F. Bassermann'schen Verlagsbuchhandlung Nachf.

Die hier vorgestellten Bücher, Videokassetten und Software sind in folgende Preisgruppen unterteilt:

● Preisgruppe bis DM 10,–/S 79,–
●● Preisgruppe über DM 10,– bis DM 20,– S 80,– bis S 160,–
●●● Preisgruppe über DM 20,– bis DM 30,– S 161,– bis S 240,–
●●●● Preisgruppe über DM 30,– bis DM 50,– S 241,– bis S 400,–
●●●●● Preisgruppe über DM 50,–/S 401,–
*(unverbindliche Preisempfehlung)

Die Preise entsprechen dem Status beim Druck dieses Verzeichnisses (s. Seite 1) – Änderungen, im besonderen der Preise, vorbehalten –

BIBLIOTHECA ÆSTHETICA

Carmina Burana

Ein bibliophiles Dokument von einzigartiger kulturgeschichtlicher Bedeutung.

(4292) Von Ingrid Schade, 128 Seiten, Faksimile-Druck, Leinen-Einband mit Prägung, im Schuber, mit 24seitiger Beilage, numerierte und handsignierte Auflage von 999 Exemplaren, **DM 498,–** S 3980.–

Bestellschein

Erfüllungsort und Gerichtsstand für Vollkaufleute ist der jeweilige Sitz der Lieferfirma. Für alle übrigen Kunden gilt dieser Gerichtsstand für das Mahnverfahren. Falls durch besondere Umstände Preisänderungen notwendig werden, erfolgt Auftragserledigung zu dem bei der Lieferung gültigen Preis.
Ich bestelle hiermit aus dem Falken-Verlag GmbH, Postfach 11 20, D-6272 Niedernhausen/Ts., durch die Buchhandlung:

Ex. ____________________

Ex. ____________________

Ex. ____________________

Ex. ____________________

Name: ____________________

Straße: ____________________ Ort: ____________________

Datum: ____________________ Unterschrift: ____________________

FALKEN

 Für die Schweiz: sFr.-Preise gemäß Preisauszeichnung in der Buchhandlung